Jean-Jacques Rousseau

Discours sur l'origine et les fondements de l'inégalité parmi les hommes

Copyright © 2022 by Culturea
Édition : Culturea 34980 (Hérault)
Impression : BOD - In de Tarpen 42, Norderstedt (Allemagne)
ISBN : 9782382742112
Dépôt légal : Octobre 2022
Tous droits réservés pour tous pays

Discours sur l'origine et les fondements de l'inégalité parmi les hommes

C'est de l'homme que j'ai à parler ; et la question que j'examine m'apprend que je vais parler à des hommes ; car on n'en propose point de semblables quand on craint d'honorer la vérité. Je défendrai donc avec confiance la cause de l'humanité devant les sages qui m'y invitent, et je ne serai pas mécontent de moi-même si je me rends digne de mon sujet et de mes juges.

Je conçois dans l'espèce humaine deux sortes d'inégalités : l'une, que j'appelle naturelle ou physique, parce qu'elle est établie par la nature, et qui consiste dans la différence des âges, de la santé, des forces du corps et des qualités de l'esprit ou de l'âme ; l'autre, qu'on peut appeler inégalité morale ou politique, parce qu'elle dépend d'une sorte de convention, et qu'elle est établie ou du moins autorisée par le consentement des hommes. Celle-ci consiste dans les différents privilèges dont quelques-uns jouissent au préjudice des autres, comme d'être plus riches, plus honorés, plus puissants qu'eux, ou même de s'en faire obéir.

On ne peut pas demander quelle est la source de l'inégalité naturelle, parce que la réponse se trouverait énoncée dans la simple définition du mot. On peut encore moins chercher s'il n'y aurait point quelque liaison essentielle entre les deux inégalités ; car ce serait demander, en d'autres termes, si ceux qui commandent valent nécessairement mieux que ceux qui obéissent, et si la force du corps ou de l'esprit, la sagesse ou la vertu, se trouvent toujours dans les mêmes individus, en proportion de la puissance ou de la richesse : question bonne peut-être à agiter entre des esclaves entendus de leurs maîtres, mais qui ne convient pas à des hommes raisonnables et libres qui cherchent la vérité.

De quoi s'agit-il donc précisément dans ce Discours ? De marquer dans le progrès des choses le moment où, le droit succédant à la violence, la nature fut soumise à la loi ; d'expliquer par quel enchaînement de prodiges le fort put se résoudre à servir le faible, et le peuple à acheter un repos en idée, au prix d'une félicité réelle.

Les philosophes qui ont examiné les fondements de la société ont tous senti la nécessité de remonter jusqu'à l'état de la nature, mais aucun d'eux n'y est arrivé. Les uns n'ont point balancé à supposer l'homme, dans cet état, la notion du juste et de l'injuste, sans se soucier de montrer qu'il dût avoir cette notion, ni même qu'elle lui fût utile. D'autres ont parlé du droit naturel que chacun a de conserver ce qui lui appartient, sans expliquer ce qu'ils entendaient par appartenir. D'autres, donnant d'abord au plus fort l'autorité du plus faible, ont aussitôt fait naître le gouvernement, sans songer au temps qui dut s'écouler avant que le sens des mots d'autorité et de gouvernement pût exister parmi les hommes. Enfin tous, parlant sans cesse de besoin, d'avidité, d'oppression, de désir et d'orgueil, ont transporté à l'état de nature des idées qu'ils avaient prises dans la société ; ils parlaient de l'homme sauvage, et ils peignaient l'homme civil. Il n'est pas même venu dans l'esprit de la plupart des nôtres, de douter que l'état de nature eût existé, tandis qu'il est évident, par la lecture des Livres Sacrés, que le premier homme, ayant reçu immédiatement de Dieu des lumières et des préceptes, n'était point lui-même dans cet état, et qu'en ajoutant aux écrits de Moïse la foi que leur doit tout philosophe chrétien, il faut nier que, même avant le déluge, les hommes se soient jamais trouvés dans le pur état de nature, à moins qu'ils n'y soient retombés par quelque évènement extraordinaire : paradoxe fort embarrassant à défendre, et tout à fait impossible à prouver.

Commençons donc par écarter tous les faits, car ils ne touchent point à la question. Il ne faut pas prendre les recherches dans lesquelles on peut entrer sur ce sujet pour des vérités historiques, mais seulement pour des raisonnements hypothétiques et conditionnels, plus propres à éclaircir la nature des choses qu'à en montrer la véritable origine, et semblables à ceux que font tous les jours nos physiciens sur la formation du monde. La religion nous ordonne de croire que Dieu lui-même ayant tiré les hommes de l'état de nature immédiatement après la création, ils sont inégaux parce qu'il a voulu qu'ils le fussent ; mais il ne nous défend pas de former des conjectures tirées de la seule nature de l'homme et des êtres qui l'environnent, sur ce qu'aurait pu devenir le genre humain s'il fût resté abandonné à lui-même. Voilà ce qu'on me demande, et ce que je me propose d'examiner dans ce Discours. Mon sujet intéressant l'homme en général, je tâcherai de prendre un langage qui convienne à toutes les nations ; ou plutôt, oubliant les temps ou les lieux pour ne songer qu'aux hommes à qui je parle, je me supposerai dans le Lycée d'Athènes, répétant les leçons de mes maîtres, ayant les Platon et les Xénocrate pour juges, et le genre humain pour auditeur.

Ô homme ! de quelque contrée que tu sois, quelles que soient tes opinions, écoute : voici ton histoire, telle que j'ai cru la lire, non dans les livres de tes semblables, qui sont menteurs, mais dans la nature, qui ne ment jamais. Tout ce qui sera d'elle sera vrai ; il n'y aura de faux que ce que j'y aurai mêlé du mien sans le vouloir. Les temps dont je vais parler sont bien éloignés : combien tu as changé de ce que tu étais ! C'est, pour ainsi dire, la vie de ton espèce que je te vais décrire d'après les qualités que tu as reçues, que ton éducation et tes habitudes ont pu dépraver, mais qu'elles n'ont pu détruire. Il y a, je le sens, un âge auquel l'homme individuel pourrait s'arrêter : tu chercheras l'âge auquel tu désirerais que ton espèce se fût arrêtée. Mécontent de ton état présent par des raisons qui annoncent à ta postérité malheureuse de plus grands mécontentements encore, peut-être voudrais-tu pouvoir rétrograder ; et ce sentiment doit faire l'éloge de tes premiers aïeux, la critique de tes contemporains, et l'effroi de ceux qui auront le malheur de vivre avec toi.

Première partie

Quelque important qu'il soit, pour bien juger de l'état naturel de l'homme, de le considérer dès son origine, et de l'examiner, pour ainsi dire, dans le premier embryon de l'espèce, je ne suivrai point son organisation à travers ses développements successifs : je ne m'arrêterai pas à chercher dans le système animal ce qu'il put être au commencement pour devenir enfin ce qu'il est. Je n'examinerai pas si, comme le pense Aristote, ses ongles allongés ne furent point d'abord des griffes crochues ; s'il n'était point velu comme un ours ; et si, marchant à quatre pieds (3), ses regards dirigés vers la terre et bornés à un horizon de quelques pas, ne marquaient point à la fois le caractère et les limites de ses idées. Je ne pourrais former sur ce sujet que des conjectures vagues et presque imaginaires. L'anatomie comparée a fait encore trop peu de progrès, les observations des naturalistes sont encore trop incertaines, pour qu'on puisse établir sur de pareils fondements la base d'un raisonnement solide : ainsi, sans avoir recours aux connaissances naturelles que nous avons sur ce point, et sans avoir égard aux changements qui ont dû survenir dans la conformation tant intérieure qu'extérieure de l'homme, à mesure qu'il appliquait ses membres à de nouveaux usages et qu'il se nourrissait de nouveaux aliments, je le supposerai conforme de tout temps comme je le vois aujourd'hui, marchant à deux pieds, se servant de ses mains comme nous faisons des nôtres, portant ses regards sur toute la nature, et mesurant des yeux la vaste étendue du ciel.

En dépouillant cet être ainsi constitué de tous les dons surnaturels qu'il a pu recevoir, et de toutes les facultés artificielles qu'il a pu acquérir par de longs progrès ; en le considérant, en un mot, tel qu'il a dû sortir des mains de la nature, je vois un animal moins fort que les uns, moins agile que les autres, mais, à tout prendre, organisé le plus avantageusement de tous. Je le vois se rassasiant sous un chêne, se désaltérant au premier ruisseau, trouvant son lit au pied du même arbre qui lui fournit son repas ; et voilà ses besoins satisfaits.

La terre, abandonnée à sa fertilité naturelle (4), et couverte de forêts immenses que la cognée ne mutila jamais, offre à chaque pas des magasins et des retraites aux animaux de toute espèce. Les hommes, dispersés parmi eux, observent, imitent leur industrie, et s'élèvent ainsi jusqu'à l'instinct des bêtes ; avec cet avantage que chaque espèce n'a que le sien propre, et que l'homme n'en ayant peut-être aucun qui lui appartienne, se les approprie tous, se nourrit également de la plupart des aliments divers (5) que les autres animaux se partagent, et trouve par conséquent sa subsistance plus aisément que ne peut faire aucun d'eux.

Accoutumés dès l'enfance aux intempéries de l'air et à la rigueur des saisons, exercés à la fatigue, et forcés de défendre nus et sans armes leur vie et leur proie contre les autres bêtes féroces, ou de leur échapper à la course, les hommes se forment un tempérament robuste et presque inaltérable. Les enfants, apportant au monde l'excellente constitution de leurs pères, et la fortifiant par les mêmes exercices qui l'ont produite, acquièrent ainsi toute la vigueur dont l'espèce humaine est capable. La nature en use précisément avec eux comme la loi de Sparte avec les enfants des citoyens ; elle rend forts et robustes ceux qui sont bien constitués, et fait périr tous les autres : différente en cela de nos sociétés, où l'État, en rendant les enfants onéreux aux pères, les tue indistinctement avant leur naissance.

Le corps de l'homme sauvage étant le seul instrument qu'il connaisse, il l'emploie à divers usages, dont, par le défaut d'exercice, les nôtres sont incapables ; et c'est notre industrie qui nous ôte la force et l'agilité que la nécessité l'oblige d'acquérir. S'il avait eu une hache, son poignet romprait-il de si fortes branches ? s'il avait eu une fronde, lancerait-il de la main une pierre avec tant de roideur ? s'il avait eu une échelle, grimperait-il si légèrement sur un arbre ? s'il avait eu un cheval, serait-il si vite à la course ? Laissez à l'homme civilisé le temps de rassembler toutes ces machines autour de lui, on ne peut douter qu'il ne surmonte facilement l'homme sauvage ; mais si vous voulez voir un combat plus inégal encore, mettez-les nus et désarmés vis-à-vis l'un de l'autre, et vous reconnaîtrez bientôt quel est l'avantage d'avoir sans cesse toutes ses forces à sa disposition, d'être toujours prêt à tout évènement, et de se porter, pour ainsi dire, toujours tout entier avec soi (6).

Hobbes prétend que l'homme est naturellement intrépide, et ne cherche qu'à attaquer et combattre. Un philosophe illustre pense au contraire, et Cumberland et Puffendorf l'assurent aussi, que rien n'est si timide que l'homme dans l'état de nature, et qu'il est toujours tremblant et prêt à fuir au moindre bruit qui le frappe, au moindre mouvement qu'il aperçoit. Cela peut être ainsi pour les objets qu'il ne connaît pas ; et je ne doute point qu'il ne soit effrayé par tous les nouveaux spectacles qui s'offrent à lui toutes les fois qu'il ne peut distinguer le bien et le mal physiques qu'il en doit attendre, ni comparer ses forces avec les dangers qu'il a à courir ; circonstances rares dans l'état de nature, où toutes choses marchent d'une manière si uniforme, et où la face de la terre n'est point sujette à ces changements brusques et continuels qu'y causent les passions et l'inconstance des peuples réunis. Mais l'homme sauvage, vivant dispersé parmi les animaux, et se trouvant de bonne heure dans le cas de se mesurer avec eux, il en fait bientôt la comparaison ; et, sentant qu'il les surpasse plus en adresse qu'ils ne le surpassent en force, il apprend à ne les plus craindre. Mettez un ours ou un loup aux prises avec un sauvage robuste, agile, courageux, comme ils sont tous, armé de pierres et d'un bon bâton, et vous verrez que le péril sera tout au moins réciproque, et qu'après plusieurs expériences pareilles, les bêtes féroces, qui n'aiment point à s'attaquer l'une à l'autre, s'attaqueront peu volontiers à l'homme, qu'elles auront trouvé tout aussi féroce qu'elles. À l'égard des animaux qui ont réellement plus de force qu'il n'a d'adresse, il est vis-à-vis d'eux dans le cas des autres espèces plus faibles, qui ne laissent pas de subsister ; avec cet avantage pour l'homme que, non moins dispos qu'eux à la course, et trouvant sur les arbres un refuge presque assuré, il a partout le prendre et le laisser dans la rencontre, et le choix de la fuite ou du combat. Ajoutons qu'il ne paraît pas qu'aucun animal fasse naturellement la guerre à l'homme hors le cas de sa propre défense ou d'une extrême faim ; ni témoigne contre lui de ces violentes antipathies qui semblent annoncer qu'une espèce est destinée par la nature à servir de pâture à l'autre.

Voilà sans doute les raisons pourquoi les nègres et les sauvages se mettent si peu en peine des bêtes féroces qu'ils peuvent rencontrer dans les bois. Les Caraïbes de Venezuela vivent, entre autres, à cet égard dans la plus profonde sécurité et sans le moindre inconvénient. Quoiqu'ils soient presque nus, dit François Corréal, ils ne laissent pas de s'exposer hardiment dans les bois, armés seulement de la flèche et de l'arc ; mais on n'a jamais ouï dire qu'aucun d'eux ait été dévoré des bêtes.

D'autres ennemis plus redoutables, et dont l'homme n'a pas les mêmes moyens de se défendre, sont les infirmités naturelles, l'enfance, la vieillesse, et les maladies de toute espèce ; tristes signes de notre faiblesse, dont les deux premiers sont communs à tous les animaux, et dont le dernier appartient principalement à l'homme vivant en société. J'observe même, au sujet de l'enfance, que la mère portant partout son enfant avec elle, a beaucoup plus de facilité à le nourrir que n'ont les femelles de plusieurs animaux, qui sont forcées d'aller et venir sans cesse avec beaucoup de fatigue, d'un côté pour chercher leur pâture, et de l'autre pour allaiter ou nourrir leurs petits. Il est vrai que si la femme vient à périr, l'enfant risque fort de périr avec elle ; mais ce danger est commun à cent autres espèces dont les petits ne sont de longtemps en état d'aller chercher eux-mêmes leur nourriture ; et si l'enfance est plus longue parmi nous, la vie étant plus longue aussi, tout est encore à peu près égal en ce point (7) ; quoiqu'il y ait sur la durée du premier âge, et sur le nombre des petits (8), d'autres règles qui ne sont pas de mon sujet. Chez les vieillards qui agissent et transpirent peu, le besoin d'aliments diminue avec la faculté d'y pourvoir ; et comme la vie sauvage éloigne d'eux la goutte et les rhumatismes, et que la vieillesse est de tous les maux celui que les secours humains peuvent le moins soulager, ils s'éteignent enfin, sans qu'on s'aperçoive qu'ils cessent d'être, et presque sans s'en apercevoir eux-mêmes.

À l'égard des maladies, je ne répéterai point les vaines et fausses déclamations que font contre la médecine la plupart des gens en santé ; mais je demanderai s'il y a quelque observation solide de laquelle on puisse conclure que, dans les pays où cet art est le plus négligé, la vie moyenne de l'homme soit plus courte que dans ceux où il est cultivé avec le plus de soin. Et comment cela pourrait-il être, si nous nous donnons plus de maux que la médecine ne peut nous fournir de remèdes ! L'extrême inégalité dans la manière de vivre, l'excès d'oisiveté dans les uns, l'excès de travail dans les autres, la facilité d'irriter et de satisfaire nos appétits et notre sensualité, les aliments trop recherchés des riches, qui les nourrissent de sucs échauffants et les accablent d'indigestions ; la mauvaise nourriture des pauvres, dont ils manquent même souvent, et dont le défaut les porte à surcharger avidement leur estomac dans l'occasion ; les veilles, les excès de toute espèce, les transports immodérés de toutes les passions, les fatigues et l'épuisement d'esprit, les chagrins et les peines sans nombre qu'on éprouve dans tous les états, et dont les âmes sont perpétuellement rongées : voilà les funestes garants que la plupart de nos maux sont notre propre ouvrage, et que nous les aurions presque tous évités en conservant la manière de vivre simple, uniforme et solitaire, qui nous était prescrite par la nature. Si elle nous a destinés à être sains, j'ose presque assurer que l'état de réflexion est un état contre nature, et que l'homme qui médite est un animal dépravé. Quand on songe à la bonne constitution des sauvages, au moins de ceux que nous n'avons pas perdus avec nos liqueurs fortes ; quand on sait qu'ils ne connaissent presque d'autres maladies que les blessures et la vieillesse on est très porté à croire qu'on ferait aisément l'histoire des maladies humaines en suivant celle des sociétés civiles. C'est au moins l'avis de Platon, qui juge, sur certains remèdes employés ou approuvés par Podalyre et Macaon au siège de Troie, que diverses maladies que ces remèdes devaient exciter n'étaient point encore alors connues parmi les hommes ; et Celse rapporte que la diète, aujourd'hui si nécessaire, ne fut inventée que par Hippocrate.

Avec si peu de sources de maux, l'homme dans l'état de nature n'a donc guère besoin de remèdes, moins encore de médecins ; l'espèce humaine n'est point non plus à cet égard de pire condition que toutes les autres, et il est aisé de savoir des chasseurs si dans leurs courses ils trouvent beaucoup d'animaux infirmes. Plusieurs en trouvent qui ont reçu des blessures considérables très bien cicatrisées, qui ont eu des os et même des membres rompus, et repris sans autre chirurgien que le temps, sans autre régime que leur vie ordinaire, et qui n'en sont pas moins parfaitement guéris pour n'avoir pas été tourmentés d'incisions, empoisonnés de drogues, ni exténués de jeûnes. Enfin, quelque utile que puisse être parmi nous la médecine bien administrée, il est toujours certain que si le sauvage malade, abandonné à lui-même, n'a rien à espérer que de la nature, en revanche, il n'a rien à craindre que de son mal ; ce qui rend souvent sa situation préférable à la nôtre.

Gardons-nous donc de confondre l'homme sauvage avec les hommes que nous avons sous les yeux. La nature traite tous les animaux abandonnés à ses soins avec une prédilection qui semble montrer combien elle est jalouse de ce droit. Le cheval, le chat, le taureau, l'âne même, ont la plupart une taille plus haute, tous ont une constitution plus robuste, plus de vigueur, de force et de courage dans les forêts que dans nos maisons : ils perdent la moitié de ces avantages en devenant domestiques, et l'on dirait que tous nos soins à bien traiter et nourrir ces animaux n'aboutissent qu'à les abâtardir. Il en est ainsi de l'homme même en devenant sociable et esclave, il devient faible, craintif, rampant ; et sa manière de vivre molle et efféminée achève d'énerver à la fois sa force et son courage. Ajoutons qu'entre les conditions sauvage et domestique la différence d'homme à homme doit être plus grande encore que celle de bête à bête : car l'animal et l'homme ayant été traités également par la nature, toutes les commodités que l'homme se donne de plus qu'aux animaux qu'il apprivoise sont autant de causes particulières qui le font dégénérer plus sensiblement.

Ce n'est donc pas un si grand malheur à ces premiers hommes, ni surtout un si grand obstacle à leur conservation, que la nudité, le défaut d'habitation et la privation de toutes ces inutilités que nous croyons si nécessaires. S'ils n'ont pas la peau velue, ils n'en ont aucun besoin dans les pays chauds, et ils savent bientôt, dans les pays froids, s'approprier celles des bêtes qu'ils ont vaincues : s'ils n'ont que deux pieds pour courir, ils ont deux bras pour pourvoir à leur défense et à leurs besoins. Leurs enfants marchent peut-être tard et avec peine, mais les mères les portent avec facilité ; avantage qui manque aux autres espèces, où la mère, étant poursuivie, se voit contrainte d'abandonner ses petits ou de régler son pas sur le leur. Enfin, à moins de supposer ces concours singuliers et fortuits de circonstances dont je parlerai dans la suite, et qui pouvaient fort bien ne jamais arriver, il est clair, en tout état de cause, que le premier qui se fit des habits, un logement, se donna en cela des choses peu nécessaires, puisqu'il s'en était passé jusqu'alors, et qu'on ne voit pas pourquoi il n'eût pu supporter, homme fait, un genre de vie qu'il supportait dès son enfance.

Seul, oisif, et toujours voisin du danger, l'homme sauvage doit aimer à dormir et avoir le sommeil léger, comme les animaux, qui, pensant peu, dorment pour ainsi dire tout le temps qu'ils ne pensent point. Sa propre conservation faisant presque son unique soin, ses facultés les plus exercées doivent être celles qui ont pour objet principal l'attaque et la défense, soit pour subjuguer sa proie, soit pour se garantir d'être celle d'un autre animal ; au contraire, les organes qui ne se perfectionnent que par la mollesse et la sensualité doivent rester dans un état de grossièreté qui exclut en lui toute espèce de délicatesse ; et ses sens se trouvant partagés sur ce point, il aura le toucher et le goût d'une rudesse extrême ; la vue, l'ouïe et l'odorat, de la plus grande subtilité. Tel est l'état animal en général, et c'est aussi, selon le rapport des voyageurs, celui de la plupart des peuples sauvages. Ainsi il ne faut point s'étonner que les Hottentots du cap de Bonne-Espérance découvrent, à la simple vue des vaisseaux en haute mer, d'aussi loin que les Hollandais avec des lunettes, ni que les sauvages de l'Amérique sentissent les Espagnols à la piste, comme auraient pu faire les meilleurs chiens ; ni que toutes ces nations barbares supportent sans peine leur nudité, aiguisent leur goût à force de piment, et boivent les liqueurs européennes comme de l'eau.

Je n'ai considéré jusqu'ici que l'homme physique ; tâchons de le regarder maintenant par le côté métaphysique et moral.

Je ne vois dans tout animal qu'une machine ingénieuse, à qui la nature a donné des sens pour se remonter elle-même, et pour se garantir, jusqu'à un certain point, de tout ce qui tend à la détruire ou à la déranger. J'aperçois précisément les mêmes choses dans la machine humaine, avec cette différence, que la nature seule fait tout dans les opérations de la bête, au lieu que l'homme concourt aux siennes en qualité d'agent libre. L'une choisit ou rejette par instinct, et l'autre par un acte de liberté ; ce qui fait que la bête ne peut s'écarter de la règle qui lui est prescrite, même quand il lui serait avantageux de le faire, et que l'homme s'en écarte souvent à son préjudice. C'est ainsi qu'un pigeon mourrait de faim près d'un bassin rempli des meilleures viandes, et un chat sur un tas de fruits ou de grains, quoique l'un et l'autre pût très bien se nourrir de l'aliment qu'il dédaigne, s'il s'était avisé d'en essayer ; c'est ainsi que les hommes dissolus se livrent à des excès qui leur causent la fièvre et la mort, parce que l'esprit déprave les sens, et que la volonté parle encore quand la nature se tait.

Tout animal a des idées, puisqu'il a des sens ; il combine même ses idées jusqu'à un certain point, et l'homme ne diffère à cet égard de la bête que du plus au moins ; quelques philosophes ont même avancé qu'il y a plus de différence de tel homme à tel homme, que de tel homme à telle bête. Ce n'est donc pas tant l'entendement qui fait parmi les animaux la distinction spécifique de l'homme que sa qualité d'agent libre. La nature commande à tout animal, et la bête obéit. L'homme éprouve la même impression, mais il se reconnaît libre d'acquiescer ou de résister ; et c'est surtout dans la conscience de cette liberté que se montre la spiritualité de son âme : car la physique explique en quelque manière le mécanisme des sens et la formation des idées ; mais dans la puissance de vouloir ou plutôt de choisir, et dans le sentiment de cette puissance, on ne trouve que des actes purement spirituels, dont on n'explique rien par les lois de la mécanique.

Mais quand les difficultés qui environnent toutes ces questions laisseraient quelque lieu de disputer sur cette différence de l'homme et de l'animal, il y a une autre qualité très spécifique qui les distingue, et sur laquelle il ne peut y avoir de contestation ; c'est la faculté de se perfectionner, faculté qui, à l'aide des circonstances, développe successivement toutes les autres, et réside parmi nous tant dans l'espèce que dans l'individu, au lieu qu'un animal est au bout de quelques mois ce qu'il sera toute sa vie, et son espèce au bout de mille ans ce qu'elle était la première année de ces mille ans. Pourquoi l'homme seul est-il sujet à devenir imbécile ? N'est-ce point qu'il retourne ainsi dans son état primitif, et que, tandis que la bête, qui n'a rien acquis et qui n'a rien non plus à perdre, reste toujours avec son instinct, l'homme, reperdant par la vieillesse ou d'autres accidents tout ce que sa *perfectibilité* lui avait fait acquérir, retombe ainsi plus bas que la bête même ? Il serait triste pour nous d'être forcés de convenir que cette faculté distinctive et presque illimitée est la source de presque tous les malheurs de l'homme ; que c'est elle qui le tire à force de temps de cette condition originaire dans laquelle il coulerait des jours tranquilles et innocents ; que c'est elle qui, faisant éclore avec les siècles ses lumières et ses erreurs, ses vices et ses vertus, le rend à la longue le tyran de lui-même et de la nature (9). Il serait affreux d'être obligé de louer comme un être bienfaisant celui qui, le premier, suggéra à l'habitant des rives de l'Orénoque l'usage de ces ais qu'il applique sur les tempes de ses enfants, et qui leur assurent du moins une partie de leur imbécillité et de leur bonheur originel.

L'homme sauvage, livré par la nature au seul instinct, ou plutôt dédommagé de celui qui lui manque peut-être par des facultés capables d'y suppléer d'abord et de l'élever ensuite fort au-dessus de celle-là, commencera donc par les fonctions purement animales (10). Apercevoir et sentir sera son premier état, qui lui sera commun avec tous les animaux ; vouloir et ne pas vouloir, désirer et craindre, seront les premières et presque les seules opérations de son âme, jusqu'à ce que de nouvelles circonstances y causent de nouveaux développements.

Quoi qu'en disent les moralistes, l'entendement humain doit beaucoup aux passions, qui, d'un commun aveu, lui doivent beaucoup aussi : c'est par leur activité que notre raison se perfectionne ; nous ne cherchons à connaître que parce que nous désirons de jouir ; et il n'est pas possible de concevoir pourquoi celui qui n'aurait ni désirs ni craintes se donnerait la peine de raisonner. Les passions, à leur tour, tirent leur origine de nos besoins, et leur progrès de nos connaissances ; car on ne peut désirer ou craindre les choses que sur les idées qu'on en peut avoir, ou par la simple impulsion de la nature ; et l'homme sauvage, privé de toutes sortes de lumières, n'éprouve que les passions de cette dernière espèce ; ses désirs ne passent pas ses besoins physiques (11) ; les seuls biens qu'il connaisse dans l'univers sont la nourriture, une femelle et le repos ; les seuls maux qu'il craigne sont la douleur et la faim. Je dis la douleur, et non la mort ; car jamais l'animal ne saura ce que c'est que mourir ; et la connaissance de la mort et de ses terreurs est une des premières acquisitions que l'homme ait faites en s'éloignant de la condition animale.

Il me serait aisé, si cela m'était nécessaire, d'appuyer ce sentiment par les faits, et de faire voir que, chez toutes les nations du monde, les progrès de l'esprit se sont précisément proportionnés aux besoins que les peuples avaient reçus de la nature, ou auxquels les circonstances les avaient assujettis, et, par conséquent, aux passions qui les portaient à pourvoir à ces besoins. Je montrerais en Égypte les arts naissant et s'étendant avec le débordement du Nil ; je suivrais leurs progrès chez les Grecs, où l'on les vit germer, croître, et s'élever jusqu'aux cieux parmi les sables et les rochers de l'Attique, sans pouvoir prendre racine sur les bords fertiles de l'Eurotas ; je remarquerais qu'en général les peuples du Nord sont plus industrieux que ceux du Midi, parce qu'ils peuvent moins se passer de l'être ; comme si la nature voulait ainsi égaliser les choses, en donnant aux esprits la fertilité qu'elle refuse à la terre.

Mais sans recourir aux témoignages incertains de l'histoire, qui ne voit que tout semble éloigner de l'homme sauvage la tentation et les moyens de cesser de l'être ? Son imagination ne lui peint rien ; son cœur ne lui demande rien. Ses modiques besoins se trouvent si aisément sous sa main, et il est si loin du degré de connaissances nécessaires pour désirer d'en acquérir de plus grandes à qu'il ne peut avoir ni prévoyance ni curiosité. Le spectacle de la nature lui devient indifférent à force de lui devenir familier : c'est toujours le même ordre, ce sont toujours les mêmes révolutions ; il n'a pas l'esprit de s'étonner des plus grandes merveilles ; et ce n'est pas chez lui qu'il faut chercher la philosophie dont l'homme a besoin, pour savoir observer une fois ce qu'il a vu tous les jours. Son âme, que rien n'agite, se livre au seul sentiment de son existence actuelle, sans aucune idée de l'avenir, quelque prochain qu'il puisse être ; et ses projets, bornés comme ses vues, s'étendent à peine jusqu'à la fin de la journée. Tel est encore aujourd'hui le degré de prévoyance du Caraïbe : il vend le matin son lit de coton et vient pleurer le soir pour le racheter, faute d'avoir prévu qu'il en aurait besoin pour la nuit prochaine.

Plus on médite sur ce sujet, plus la distance des pures sensations aux plus simples connaissances s'agrandit à nos regards : et il est impossible de concevoir comment un homme aurait pu, par ses seules forces, sans le secours de la communication et sans l'aiguillon de la nécessité, franchir un si grand intervalle. Combien de siècles se sont peut-être écoulés avant que les hommes aient été à portée de voir d'autres feux que celui du ciel ? combien ne leur a-t-il pas fallu de différents hasards pour apprendre les usages les plus communs de cet élément ? combien de fois ne l'ont-ils pas laissé éteindre avant que d'avoir acquis l'art de le reproduire ? et combien de fois peut-être chacun de ces secrets n'est-il pas mort avec celui qui l'avait découvert ? Que dirons-nous de l'agriculture, art qui demande tant de travail et de prévoyance, qui tient à tant d'autres arts, qui, très évidemment, n'est praticable que dans une société au moins commencée, et qui ne nous sert pas tant à tirer de la terre des aliments qu'elle fournirait bien sans cela, qu'à la forcer aux préférences qui sont le plus de notre goût ? Mais, supposons que les hommes eussent tellement multiplié que les productions naturelles n'eussent plus suffi pour les nourrir ; supposition qui, pour le dire en passant, montrerait un grand avantage pour l'espèce humaine dans cette manière de vivre ; supposons que, sans forges et sans ateliers, les instruments du labourage fussent tombés du ciel entre les mains des sauvages ; que ces hommes eussent vaincu la haine mortelle qu'ils ont tous pour un travail continu ; qu'ils eussent appris à prévoir de si loin leurs besoins ; qu'ils eussent deviné comment il faut cultiver la terre, semer les grains et planter les arbres ; qu'ils eussent trouvé l'art de moudre le blé et de mettre le raisin en fermentation ; toutes choses qu'il leur a fallu faire enseigner par les dieux, faute de concevoir comment ils les auraient apprises d'eux-mêmes : quel serait après cela l'homme assez insensé pour se tourmenter à la culture d'un champ qui sera dépouillé par le premier venu, homme ou bête indifféremment, à qui cette moisson conviendra ? et comment chacun pourra-t-il se résoudre à passer sa vie à un travail pénible, dont il est d'autant plus sûr de ne pas recueillir le prix qu'il lui sera plus nécessaire ? En un mot, comment cette situation pourra-t-elle porter les hommes à cultiver la terre tant qu'elle ne sera point partagée entre eux, c'est-à-dire tant que l'état de nature ne sera point anéanti ?

Quand nous voudrions supposer un homme sauvage aussi habile dans l'art de penser que nous le font nos philosophes ; quand nous en ferions, à leur exemple, un philosophe lui-même, découvrant seul les plus sublimes vérités, se faisant par des suites de raisonnements très abstraits des maximes de justice et de raisons tirées de l'amour de l'ordre en général, ou de la volonté connue de son créateur ; en un mot, quand nous lui supposerions dans l'esprit autant d'intelligence et de lumières qu'il doit avoir et qu'on lui trouve en effet de pesanteur et de stupidité, quelle utilité retirerait l'espèce de toute cette métaphysique, qui ne pourrait se communiquer et qui périrait avec l'individu qui l'aurait inventée ? Quel progrès pourrait faire le genre humain épars dans les bois parmi les animaux ? et jusqu'à quel point pourraient se perfectionner et s'éclairer mutuellement des hommes qui, n'ayant ni domicile fixe ni aucun besoin l'un et l'autre, se rencontreraient peut-être à peine deux fois en leur vie, sans se connaître et sans se parler ?

Qu'on songe de combien d'idées nous sommes redevables à l'usage de la parole ; combien la grammaire exerce et facilite les opérations de l'esprit ; et qu'on pense aux peines inconcevables et au temps infini qu'a dû coûter la première invention des langues : qu'on joigne ces réflexions aux précédentes, et l'on jugera combien il eût fallu de milliers de siècles pour développer successivement dans l'esprit humain les opérations dont il était capable.

Qu'il me soit permis de considérer un instant les embarras de l'origine des langues. Je pourrais me contenter de citer ou de répéter ici les recherches que M. l'abbé de Condillac a faites sur cette matière, qui, toutes, confirment pleinement mon sentiment, et qui, peut-être, m'en ont donné la première idée. Mais la manière dont ce philosophe résout les difficultés qu'il se fait à lui-même sur l'origine des signes institués, montrant qu'il a supposé ce que je mets en question, savoir, une sorte de société déjà établie entre les inventeurs du langage, je crois, en renvoyant à ses réflexions, devoir y joindre les miennes, pour exposer les mêmes difficultés dans le jour qui convient à mon sujet. La première qui se présente est d'imaginer comment elles purent devenir nécessaires ; car ces hommes, n'ayant nulle correspondance entre eux, ni aucun besoin d'en avoir, on ne conçoit ni la nécessité de cette invention, ni sa possibilité, si elle ne fut pas indispensable. Je dirais bien, comme beaucoup d'autres, que les langues sont nées dans le commerce domestique des pères, des mères et des enfants ; mais, outre que cela ne résoudrait point les objections, ce serait commettre la faute de ceux qui, raisonnant sur l'état de nature, y transportent les idées prises dans la société, voient toujours la famille rassemblée dans une même habitation, et ses membres gardant entre eux une union aussi intime et aussi permanente que parmi nous, où tant d'intérêts communs les réunissent ; au lieu que, dans cet état primitif, n'ayant ni maisons, ni cabanes, ni propriétés d'aucune espèce, chacun se logeait au hasard, et souvent pour une seule nuit ; les mâles et les femelles s'unissaient fortuitement selon la rencontre, l'occasion et le désir, sans que la parole fût un interprète fort nécessaire des choses qu'ils avaient à se dire : ils se quittaient avec la même facilité (12). La mère allaitait d'abord ses enfants pour son propre besoin ; puis l'habitude les lui ayant rendus chers, elle les nourrissait ensuite pour le leur ; sitôt qu'ils avaient la force de chercher leur pâture, ils ne tardaient pas à quitter la mère elle-même ; et, comme il n'y avait presque point d'autre moyen de se retrouver que de ne pas se perdre de vue, ils en étaient bientôt au point de ne pas même se reconnaître les uns les autres. Remarquez encore que l'enfant, ayant tous ses besoins à expliquer, et, par conséquent, plus de choses à dire à la mère que la mère à l'enfant, c'est lui qui doit faire les plus grands frais de l'invention, et que la langue qu'il emploie doit être en grande partie son propre ouvrage ; ce qui multiplie autant les langues qu'il y a d'individus pour les parler ; à quoi contribue encore la vie errante et vagabonde, qui ne laisse à aucun idiome le temps de prendre de la consistance ; car de dire que la mère dicte à l'enfant les mots dont il devra se servir pour lui demander telle ou telle chose, cela montre bien comment on enseigne des langues déjà formées, mais cela n'apprend point comment elles se forment.

Supposons cette première difficulté vaincue ; franchissons pour un moment l'espace immense qui dut se trouver entre le pur état de nature et le besoin des langues ; et cherchons, en les supposant nécessaires (13), comment elles purent commencer à s'établir. Nouvelle difficulté, pire encore que la précédente : car si les hommes ont eu besoin de la parole pour apprendre à penser, ils ont eu besoin encore de savoir penser pour trouver l'art de la parole ; et quand on comprendrait comment les sons de la voix ont été pris pour des interprètes conventionnels de nos idées, il resterait toujours à savoir quels ont pu être les interprètes mêmes de cette convention pour les idées qui, n'ayant point un objet sensible, ne pouvaient s'indiquer ni par le geste ni par la voix ; de sorte qu'à peine peut-on former des conjectures supportables sur la naissance de cet art de communiquer ses pensées et d'établir un commerce entre les esprits ; art sublime, qui est déjà si loin de son origine, mais que le philosophe voit encore à une si prodigieuse distance de sa perfection, qu'il n'y a point d'homme assez hardi pour assurer qu'il y arriverait jamais, quand les révolutions que le temps amène nécessairement seraient suspendues en sa faveur, que les préjugés sortiraient des académies ou se tairaient devant elles, et qu'elles pourraient s'occuper de cet objet épineux durant des siècles entiers sans interruption.

Le premier langage de l'homme, le plus universel, le plus énergique, et le seul dont il eut besoin avant qu'il fallût persuader des hommes assemblés, est le cri de la nature. Comme ce cri n'était arraché que par une sorte d'instinct dans les occasions pressantes, pour implorer du secours dans les grands dangers ou du soulagement dans les maux violents, il n'était pas d'un grand usage dans le cours ordinaire de la vie, où règnent des sentiments plus modérés. Quand les idées des hommes commencèrent à s'étendre et à se multiplier, et qu'il s'établit entre eux une communication plus étroite, ils cherchèrent des signes plus nombreux et un langage plus étendu ; ils multiplièrent les inflexions de la voix, et joignirent les gestes, qui, par leur nature, sont plus expressifs, et dont le sens dépend moins d'une détermination antérieure. Ils exprimaient donc les objets visibles et mobiles par des gestes, et ceux qui frappent l'ouïe par des sons imitatifs : mais comme le geste n'indique guère que les objets présents ou faciles à décrire et les actions visibles, qu'il n'est pas d'un usage universel ; puisque l'obscurité ou l'interposition d'un corps le rendent inutile, et qu'il exige l'attention plutôt qu'il ne l'excite, on s'avisa enfin de lui substituer les articulations de la voix, qui, sans avoir le même rapport avec certaines idées, sont plus propres à les représenter toutes comme signes institués ; substitution qui ne put se faire que d'un commun consentement et d'une manière assez difficile à pratiquer pour des hommes dont les organes grossiers n'avaient encore aucun exercice, et plus difficile encore à concevoir en elle-même, puisque cet accord unanime dut être motivé, et que la parole paraît avoir été fort nécessaire pour établir l'usage de la parole.

On doit juger que les premiers mots dont les hommes firent usage, eurent dans leur esprit une signification beaucoup plus étendue que n'ont ceux qu'on emploie dans les langues déjà formées, et qu'ignorant la division du discours en ses parties constitutives, ils donnèrent d'abord chaque mot le sens d'une proposition entière. Quand ils commencèrent à distinguer le sujet d'avec l'attribut, et le verbe d'avec le nom, ce qui ne fut pas un médiocre effet de génie, les substantifs ne furent d'abord qu'autant de noms propres ; le présent de l'infinitif fut le seul temps des verbes ; et à l'égard des adjectifs, la notion ne s'en dut développer que fort difficilement, parce que tout adjectif est un mot abstrait, et que les abstractions sont des opérations pénibles et peu naturelles.

Chaque objet reçut d'abord un nom particulier, sans égard aux genres et aux espèces, que ces premiers instituteurs n'étaient pas en état de distinguer ; et tous les individus se présentèrent isolés à leur esprit, comme ils le sont dans le tableau de la nature. Si un chêne s'appelait A, un autre chêne s'appelait B, car la première idée qu'on tire de deux choses, c'est qu'elles ne sont pas la même ; il faut souvent beaucoup de temps pour observer ce qu'elles ont de commun : de sorte que plus les connaissances étaient bornées, et plus le dictionnaire devint étendu. L'embarras de toute cette nomenclature ne peut être levé facilement : car, pour ranger les êtres sous des dénominations communes et génériques, il en fallait connaître les propriétés et les différences ; il fallait des observations et des définitions, c'est-à-dire de l'histoire naturelle et de la métaphysique, beaucoup plus que les hommes de ce temps-là n'en pouvaient avoir.

D'ailleurs, les idées générales ne peuvent s'introduire dans l'esprit qu'à l'aide des mots, et l'entendement ne les saisit que par des propositions. C'est une des raisons pourquoi les animaux ne sauraient se former de telles idées, ni jamais acquérir la perfectibilité qui en dépend. Quand un singe va sans hésiter d'une noix à l'autre, pense-t-on qu'il ait l'idée générale de cette sorte de fruit, et qu'il compare son archétype à ces deux individus ? Non, sans doute ; mais la vue de l'une de ces noix rappelle à sa mémoire les sensations qu'il a reçues de l'autre ; et ses yeux, modifiés d'une certaine manière, annoncent à son goût la modification qu'il va recevoir. Toute idée générale est purement intellectuelle ; pour peu que l'imagination s'en mêle, l'idée devient aussitôt particulière. Essayez de vous tracer l'image d'un arbre en général, jamais vous n'en viendrez à bout ; malgré vous il faudra le voir petit ou grand, rare ou touffu, clair ou foncé ; et s'il dépendait de vous de n'y voir que ce qui se trouve en tout arbre, cette image ne ressemblerait plus à un arbre. Les êtres purement abstraits se voient de même, ou ne se conçoivent que par le discours. La définition seule du triangle vous en donne la véritable idée : sitôt que vous en figurez un dans votre esprit, c'est un tel triangle et non pas un autre, et vous ne pouvez éviter d'en rendre les lignes sensibles ou le plan coloré. Il faut donc énoncer des propositions, il faut donc parler pour avoir des idées générales : car, sitôt que l'imagination s'arrête, l'esprit ne marche plus qu'à l'aide du discours. Si donc les premiers inventeurs n'ont pu donner des noms qu'aux idées qu'ils avaient déjà, il s'ensuit que les premiers substantifs n'ont jamais pu dire que des noms propres.

    Mais lorsque, par des moyens que je ne conçois pas, nos nouveaux grammairiens commencèrent à étendre leurs idées et à généraliser leurs mots, l'ignorance des inventeurs dut assujettir cette méthode à des bornes fort étroites ; et, comme ils avaient d'abord trop multiplié les noms des individus faute de connaître les genres et les espèces, ils firent ensuite trop peu d'espèces et de genres, faute d'avoir considéré les êtres par toutes leurs différences. Pour pousser les divisions assez loin, il eût fallu plus d'expérience et de lumières qu'ils n'en pouvaient avoir, et plus de recherches et de travail qu'ils n'y en voulaient employer. Or, si, même aujourd'hui, l'on découvre chaque jour de nouvelles espèces qui avaient échappé jusqu'ici à toutes nos observations, qu'on pense combien il dut s'en dérober à des hommes qui ne jugeaient des choses que sur leur premier aspect. Quant aux classes primitives et aux notions les plus générales, il est superflu d'ajouter qu'elles durent leur échapper encore. Comment, par exemple, auraient-ils imaginé ou entendu les mots de matière, d'esprit, de substance, de mode, de figure, de mouvement, puisque nos philosophes qui s'en servent depuis si longtemps ont bien de la peine à les entendre eux-mêmes, et que, les idées qu'on attache à ces mots étant purement métaphysiques, ils n'en trouvaient aucun modèle dans la nature ?

Je m'arrête à ces premiers pas, et je supplie mes juges de suspendre ici leur lecture, pour considérer, sur l'invention des seuls substantifs physiques, c'est-à-dire sur la partie de la langue la plus facile à trouver, le chemin qui lui reste à faire pour exprimer toutes les pensées des hommes, pour prendre une forme constante, pour pouvoir être parlée en public et influer sur la société. Je les supplie de réfléchir à ce qu'il a fallu de temps et de connaissances pour trouver les nombres (14), les mots abstraits, les aoristes et tous les temps des verbes, les particules, la syntaxe, lier les propositions, les raisonnements, et former toute la logique du discours. Quant à moi, effrayé des difficultés qui se multiplient, et convaincu de l'impossibilité presque démontrée que les langues aient pu naître et s'établir par des moyens purement humains, je laisse à qui voudra l'entreprendre la discussion de ce difficile problème, lequel a été le plus nécessaire, de la société déjà liée à l'institution des langues, ou des langues déjà inventées à l'établissement de la société.

Quoi qu'il en soit de ces origines, on voit du moins, au peu de soin qu'a pris la nature de rapprocher les hommes par des besoins mutuels et de leur faciliter l'usage de la parole, combien elle a peu préparé leur sociabilité, et combien elle a peu mis du sien dans tout ce qu'ils ont fait pour en établir les liens. En effet, il est impossible d'imaginer pourquoi, dans cet état primitif, un homme aurait plutôt besoin d'un autre homme, qu'un singe ou un loup de son semblable ; ni, ce besoin supposé, quel motif pourrait engager l'autre à y pourvoir, ni même, en ce dernier cas, comment ils pourraient convenir entre eux des conditions.

Je sais qu'on nous répète sans cesse que rien n'eût été si misérable que l'homme dans cet état ; et s'il est vrai, comme je crois l'avoir prouvé, qu'il n'eût pu qu'après bien des siècles avoir le désir et l'occasion d'en sortir, ce serait un procès à faire à la nature, et non à celui qu'elle aurait ainsi constitué. Mais si j'entends bien ce terme de *misérable*, c'est un mot qui n'a aucun sens, ou qui ne signifie qu'une privation douloureuse, et la souffrance du corps ou de l'âme ; or, je voudrais bien qu'on m'expliquât quel peut être le genre de misère d'un être libre dont le cœur est en paix et le corps en santé. Je demande laquelle, de la vie civile ou naturelle, est la plus sujette à devenir insupportable à ceux qui en jouissent ? Nous ne voyons presque autour de nous que des gens qui se plaignent de leur existence, plusieurs même qui s'en privent autant qu'il est en eux ; et la réunion des lois divine et humaine suffit à peine pour arrêter ce désordre. Je demande si jamais on a ouï dire qu'un sauvage en liberté ait seulement songé à se plaindre de la vie et à se donner la mort. Qu'on juge donc, avec moins d'orgueil, de quel côté est la véritable misère. Rien, au contraire, n'eût été si misérable que l'homme sauvage ébloui par des lumières, tourmenté par des passions, et raisonnant sur un état différent du sien. Ce fut par une providence très sage que les facultés qu'il avait en puissance ne devaient se développer qu'avec les occasions de les exercer, afin qu'elles ne lui fussent ni superflues et à charge avant le temps, ni tardives et inutiles au besoin. Il avait dans le seul instinct tout ce qu'il lui fallait pour vivre dans l'état de nature ; il n'a dans une raison cultivée que ce qu'il lui faut pour vivre en société.

Il paraît d'abord que les hommes de cet état, n'ayant entre eux aucune sorte de relation morale ni de devoirs connus, ne pouvaient être ni bons ni méchants, et n'avaient ni vices ni vertus ; à moins que, prenant ces mots dans un sens physique, on n'appelle vices dans l'individu les qualités qui peuvent nuire à sa propre conservation, et vertus celles qui peuvent y contribuer : auquel cas il faudrait appeler le plus vertueux celui qui résisterait le moins aux simples impulsions de la nature. Mais, sans nous écarter du sens ordinaire, il est à propos de suspendre le jugement que nous pourrions porter sur une telle situation, et de nous défier de nos préjugés jusqu'à ce que, la balance à la main, on ait examiné s'il y a plus de vertus que de vices parmi les hommes civilisés, ou si leurs vertus sont plus avantageuses que leurs vices ne sont funestes, ou si le progrès de leurs connaissances est un dédommagement suffisant des maux qu'ils se font mutuellement à mesure qu'ils s'instruisent du bien qu'ils devraient se faire, ou s'ils ne seraient pas, à tout prendre, dans une situation plus heureuse de n'avoir ni mal à craindre ni bien à espérer de personne, que de s'être soumis à une dépendance universelle, et de s'obliger à tout recevoir de ceux qui ne s'obligent à leur rien donner.

N'allons pas surtout conclure avec Hobbes que, pour n'avoir aucune idée de la bonté, l'homme soit naturellement méchant ; qu'il soit vicieux, parce qu'il ne connaît pas la vertu ; qu'il refuse toujours à ses semblables des services qu'il ne croit pas leur devoir ; ni qu'en vertu du droit qu'il s'attribue avec raison aux choses dont il a besoin, il s'imagine follement être le seul propriétaire de tout l'univers. Hobbes a très bien vu le défaut de toutes les définitions modernes du droit naturel : mais les conséquences qu'il tire de la sienne montrent qu'il la prend dans un sens qui n'est pas moins faux. En raisonnant sur les principes qu'il établit, cet auteur devait dire que l'état de nature étant celui où le soin de notre conservation est le moins préjudiciable à celle d'autrui, cet état était par conséquent le plus propre à la paix et le plus convenable au genre humain. Il dit précisément le contraire, pour avoir fait entrer mal à propos dans le soin de la conservation de l'homme sauvage le besoin de satisfaire une multitude de passions qui sont l'ouvrage de la société, et qui ont rendu les lois nécessaires. Le méchant, dit-il, est un enfant robuste. Il reste à savoir si l'homme sauvage est un enfant robuste. Quand on le lui accorderait, qu'en conclurait-il ? Que si, quand il est robuste, cet homme était aussi dépendant des autres que quand il est faible. Il n'y a sorte d'excès auxquels il ne se portât, qu'il ne battît sa mère lorsqu'elle tarderait trop à lui donner la mamelle, qu'il n'étranglât un de ses jeunes frères lorsqu'il en serait incommodé ; qu'il ne mordît la jambe à l'autre lorsqu'il en serait heurté ou troublé : mais ce sont deux suppositions contradictoires dans l'état de nature qu'être robuste et dépendant. L'homme est faible quand il est dépendant, et il est émancipé avant que d'être robuste. Hobbes n'a pas vu que la même cause qui empêche les sauvages d'user de leur raison, comme le prétendent nos jurisconsultes, les empêche en même temps d'abuser de leurs facultés, comme il le prétend lui-même ; de sorte qu'on pourrait dire que les sauvages ne sont pas méchants précisément parce qu'ils ne savent pas ce que c'est qu'être bons ; car ce n'est ni le développement des lumières, ni le frein de la loi, mais le calme des passions et l'ignorance du vice, qui les empêchent de mal faire ; *Tanto plus in illis proficit vitiorum ignoratio, quam in his cognitio virtutis.* Il y a d'ailleurs un autre principe que Hobbes n'a point aperçu, et qui, ayant été donné à l'homme pour adoucir, en certaines circonstances, la férocité de son amour-propre, ou le désir de se conserver avant la naissance de cet amour (15), tempère l'ardeur qu'il a pour son bien-être par une répugnance innée à voir souffrir son semblable. Je ne crois pas avoir aucune contradiction à craindre en accordant à l'homme la seule vertu naturelle qu'ait été forcé de reconnaître le détracteur le plus outré des vertus humaines. Je parle de la pitié, disposition convenable à des êtres aussi faibles et sujets à autant de maux que nous le sommes ; vertu d'autant plus universelle et d'autant plus utile à l'homme, qu'elle précède en lui l'usage de toute réflexion, et si naturelle, que les bêtes mêmes en donnent quelquefois des signes sensibles. Sans parler de la tendresse des mères pour leurs petits, et des périls qu'elles bravent pour les en garantir, on observe tous les jours la répugnance qu'ont les chevaux à fouler aux pieds un corps vivant. Un animal ne passe point sans inquiétude auprès d'un animal mort de son espèce : il y en a même qui leur donnent une sorte de sépulture ; et les tristes mugissements du bétail entrant dans une boucherie, annoncent l'impression qu'il reçoit de l'horrible spectacle qui le frappe. On voit avec plaisir l'auteur de la Fable des Abeilles, forcé de reconnaître l'homme pour un être compatissant et sensible, sortir, dans l'exemple qu'il en donne, de son style froid et subtil, pour nous offrir la pathétique image d'un homme enfermé qui aperçoit au dehors une bête féroce arrachant un enfant du sein de sa mère, brisant sous sa dent meurtrière ses faibles membres, et déchirant de ses ongles les entrailles palpitantes de cet enfant. Quelle affreuse agitation n'éprouve point ce témoin d'un évènement auquel il ne prend aucun intérêt personnel ? quelles angoisses ne souffre-t-il pas à cette vue, de ne pouvoir porter aucun secours à la mère évanouie ni à l'enfant expirant ?

Tel est le pur mouvement de la nature, antérieur à toute réflexion ; telle est la force de la pitié naturelle, que les mœurs les plus dépravées ont encore peine à détruire, puisqu'on voit tous les jours dans nos spectacles s'attendrir et pleurer, aux malheurs d'un infortuné tel, qui, s'il était à la place du tyran, aggraverait encore les tourments de son ennemi : semblable au sanguinaire Sylla, si sensible aux maux qu'il n'avait pas causés, ou à cet Alexandre de Phère qui n'osait assister à la représentation d'aucune tragédie, de peur qu'on ne le vît gémir avec Andromaque et Priam, tandis qu'il écoutait sans émotion les cris de tant de citoyens qu'on égorgeait tous les jours par ses ordres :

> *Mollissima corda*
> *Humano generi dare se natura fatetur,*
> *Quæ lacrymas dedit.*

Mandeville a bien senti qu'avec toute leur morale les hommes n'eussent jamais été que des monstres, si la nature ne leur eût donné la pitié à l'appui de la raison : mais il n'a pas vu que de cette seule qualité découlent toutes les vertus sociales qu'il veut disputer aux hommes. En effet, qu'est-ce que la générosité, la clémence, l'humanité, sinon la pitié appliquée aux faibles, aux coupables, ou à l'espèce humaine en général ? La bienveillance et l'amitié même sont, à le bien prendre, des productions d'une pitié constante, fixée sur un objet particulier ; car désirer que quelqu'un ne souffre point, qu'est-ce autre chose que désirer qu'il soit heureux ? Quand il serait vrai que la commisération ne serait qu'un sentiment qui nous met à la place de celui qui souffre, sentiment obscur et vif dans l'homme sauvage, développé mais faible dans l'homme civil, qu'importerait cette idée à la vérité de ce que je dis, sinon de lui donner plus de force ? En effet, la commisération sera d'autant plus énergique, que l'animal spectateur s'identifiera plus intimement avec l'animal. Or, il est évident que cette identification a dû être infiniment plus étroite dans l'état de nature que dans l'état de raisonnement. C'est la raison qui engendre l'amour-propre et c'est la réflexion qui le fortifie ; c'est elle qui replie l'homme sur lui-même ; c'est elle qui le sépare de tout ce qui le gêne et l'afflige. C'est la philosophie qui l'isole ; c'est par elle qu'il dit en secret, à l'aspect d'un homme souffrant : Péris si tu veux, je suis en sûreté. Il n'y a plus que les dangers de la société entière qui troublent le sommeil tranquille du philosophe, et qui l'arrachent de son lit. On peut impunément égorger son semblable sous sa fenêtre, il n'a qu'à mettre ses mains sur ses oreilles et s'argumenter un peu, pour empêcher la nature qui se révolte en lui de l'identifier avec celui qu'on assassine. L'homme sauvage n'a point cet admirable talent ; et, faute de sagesse et de raison, on le voit toujours se livrer étourdiment au premier sentiment de l'humanité. Dans les émeutes, dans les querelles des rues, la populace s'assemble, l'homme prudent s'éloigne ; c'est la canaille, ce sont les femmes des halles qui séparent les combattants, et qui empêchent les honnêtes gens de s'entrégorger.

Il est donc bien certain que la pitié est un sentiment naturel, qui, modérant dans chaque individu l'activité de l'amour de soi-même, concourt à la conservation mutuelle de toute l'espèce. C'est elle qui nous porte sans réflexion au secours de ceux que nous voyons souffrir ; c'est elle qui, dans l'état de nature, tient lieu de lois, de mœurs et de vertu, avec cet avantage que nul n'est tenté de désobéir à sa douce voix : c'est elle qui détournera tout sauvage robuste d'enlever à un faible enfant ou à un vieillard infirme, sa subsistance acquise avec peine, si lui-même espère pouvoir trouver la sienne ailleurs : c'est elle qui, au lieu de cette maxime sublime de justice raisonnée, *Fais à autrui comme tu veux qu'on te fasse*, inspire à tous les hommes cette autre maxime de bonté naturelle, bien moins parfaite, mais plus utile peut-être que la précédente, *Fais ton bien avec le moindre mal d'autrui qu'il est possible*. C'est, en un mot, dans ce sentiment naturel, plutôt que dans des arguments subtils, qu'il faut chercher la cause de la répugnance que tout homme éprouverait à mal faire, même indépendamment des maximes de l'éducation. Quoiqu'il puisse appartenir à Socrate et aux esprits de sa trempe d'acquérir de la vertu par raison, il y a longtemps que le genre humain ne serait plus, si sa conservation n'eût dépendu que des raisonnements de ceux qui le composent.

Avec des passions si peu actives et un frein si salutaire, les hommes, plutôt farouches que méchants, et plus attentifs à se garantir du mal qu'ils pouvaient recevoir que tentés d'en faire à autrui, n'étaient pas sujets à des démêlés fort dangereux : comme ils n'avaient entre eux aucune espèce de commerce ; qu'ils ne connaissaient par conséquent ni la vanité, ni la considération, ni l'estime, ni le mépris ; qu'ils n'avaient pas la moindre notion du tien et du mien, ni aucune véritable idée de la justice ; qu'ils regardaient les violences qu'ils pouvaient essuyer comme un mal facile à réparer, et non comme une injure qu'il faut punir, et qu'ils ne songeaient pas même à la vengeance, si ce n'est peut-être machinalement et sur-le-champ, comme le chien qui mord la pierre qu'on lui jette, leurs disputes eussent eu rarement des suites sanglantes, si elles n'eussent point eu de sujet plus sensible que la pâture. Mais j'en vois un plus dangereux, dont il me reste à parler.

Parmi les passions qui agitent le cœur de l'homme, il en est une ardente, impétueuse, qui rend un sexe nécessaire à l'autre ; passion terrible, qui brave tous les dangers, renverse tous les obstacles, et qui, dans ses fureurs, semble propre détruire le genre humain, qu'elle est destinée à conserver. Que deviendront les hommes en proie à cette rage effrénée et brutale, sans pudeur, sans retenue, et disputant chaque jour leurs amours au prix de leur sang ?

Il faut convenir d'abord que plus les passions sont violentes, plus les lois sont nécessaires pour les contenir : mais outre que les désordres et les crimes que ces passions causent tous les jours parmi nous montrent assez l'insuffisance des lois à cet égard, il serait encore bon d'examiner si ces désordres ne sont point nés avec les lois mêmes ; car alors, quand elles seraient capables de les réprimer, ce serait bien le moins qu'on en dût exiger que d'arrêter un mal qui n'existerait point sans elles.

Commençons par distinguer le moral du physique dans le sentiment de l'amour. Le physique est ce désir général qui porte un sexe à s'unir à l'autre. Le moral est ce qui détermine ce désir et le fixe sur un seul objet exclusivement, ou qui au moins lui donne pour cet objet préféré un plus grand degré d'énergie. Or, il est facile de voir que le moral de l'amour est un sentiment factice, né de l'usage de la société, et célébré par les femmes avec beaucoup d'habileté et de soin pour établir leur empire, et rendre dominant le sexe qui devrait obéir. Ce sentiment étant fondé sur certaines notions du mérite ou de la beauté, qu'un sauvage n'est point en état d'avoir, et sur des comparaisons qu'il n'est point en état de faire, doit être presque nul pour lui. Car comme son esprit n'a pu se former des idées abstraites de régularité et de proportion, son cœur n'est point non plus susceptible des sentiments d'admiration et d'amour, qui, même sans qu'on s'en aperçoive, naissent de l'application de ces idées : il écoute uniquement le tempérament qu'il a reçu de la nature, et non le goût qu'il a pu acquérir, et toute femme est bonne pour lui.

Bornés au seul physique de l'amour, et assez heureux pour ignorer ces préférences qui en irritent le sentiment et en augmentent les difficultés, les hommes doivent sentir moins fréquemment et moins vivement les ardeurs du tempérament, et par conséquent avoir entre eux des disputes plus rares et moins cruelles. L'imagination, qui fait tant de ravages parmi nous, ne parle point à des cœurs sauvages ; chacun attend l'impulsion de la nature, s'y livre sans choix, avec plus de plaisir que de fureur ; et, le besoin satisfait, tout le désir est éteint.

C'est donc une chose incontestable que l'amour même, ainsi que toutes les autres passions, n'a acquis que dans la société cette ardeur impétueuse qui le rend si souvent funeste aux hommes ; et il est d'autant plus ridicule de représenter les sauvages comme s'entrégorgeant sans cesse pour assouvir leur brutalité, que cette opinion est contraire à l'expérience, et que les Caraïbes, celui de tous les peuples existants qui jusqu'ici s'est écarté le moins de l'état de nature, sont précisément les plus paisibles dans leurs amours, et les moins sujets à la jalousie, quoique vivant sous un climat brûlant, qui semble toujours donner à ces passions une plus grande activité.

À l'égard des inductions qu'on pourrait tirer, dans plusieurs espèces d'animaux, des combats des mâles qui ensanglantent en tout temps nos basses cours, ou qui font retentir au printemps nos forêts de leurs cris en se disputant la femelle, il faut commencer par exclure toutes les espèces où la nature a manifestement établi dans la puissance relative des sexes d'autres rapports que parmi nous : ainsi les combats des coqs ne forment pas une induction pour l'espèce humaine. Dans les espèces où la proportion est mieux observée, ces combats ne peuvent avoir pour cause que la rareté des femelles eu égard au nombre des mâles, ou les intervalles exclusifs durant lesquels la femelle refuse constamment l'approche du mâle, ce qui revient à la première cause, car si chaque femelle ne souffre le mâle que durant deux mois de l'année, c'est à cet égard comme si le nombre des femelles était moindre des cinq sixièmes. Or, aucun de ces deux cas n'est applicable à l'espèce humaine, où le nombre des femelles surpasse généralement celui des mâles, et où l'on n'a jamais observé que, même parmi les sauvages, les femelles aient, comme celles des autres espèces, des temps de chaleur et d'exclusion. De plus, parmi plusieurs de ces animaux, toute l'espèce entrant à la fois en effervescence, il vient un moment terrible d'ardeur commune, de tumulte, de désordre et de combat ; moment qui n'a point lieu parmi l'espèce humaine, où l'amour n'est jamais périodique. On ne peut donc pas conclure des combats de certains animaux pour la possession des femelles, que la même chose arriverait à l'homme dans l'état de nature ; et quand même on pourrait tirer cette conclusion, comme ces dissensions ne détruisent point les autres espèces, on doit penser au moins qu'elles ne seraient pas plus funestes à la nôtre ; et il est très apparent qu'elles y causeraient encore moins de ravages qu'elles ne font dans la société, surtout dans les pays où, les mœurs étant encore comptées pour quelque chose, la jalousie des amants et la vengeance des époux causent chaque jour des duels, des meurtres, et pis encore, où le devoir d'une éternelle fidélité ne sert qu'à faire des adultères, et où les lois même de la continence et de l'honneur étendent nécessairement la débauche et les avortements.

Concluons qu'errant dans les forêts, sans industrie, sans parole, sans domicile, sans guerre et sans liaison, sans nul besoin de ses semblables comme sans nul besoin de leur nuire, peut-être même sans en reconnaître aucun individuellement, l'homme sauvage, sujet à peu de passions, et se suffisant à lui-même, n'avait que les sentiments et les lumières propres à cet état, qu'il ne sentait que ses vrais besoins, ne regardait que ce qu'il croyait avoir intérêt de voir, et que son intelligence ne faisait pas plus de progrès que sa vanité. Si par hasard il faisait quelque découverte, pouvait d'autant moins la communiquer qu'il ne reconnaissait pas même ses enfants. L'art périssait avec l'inventeur. Il n'y avait ni éducation ni progrès ; les générations se multipliaient inutilement ; et chacune partant toujours du même point, les siècles s'écoulaient dans toute la grossièreté des premiers âges, l'espèce était déjà vieille, et l'homme était toujours enfant.

Si je me suis étendu si longtemps sur la supposition de cette condition primitive, c'est qu'ayant d'anciennes erreurs et des préjugés invétérés à détruire, j'ai cru devoir creuser jusqu'à la racine, et montrer, dans le tableau du véritable état de nature, combien l'inégalité, même naturelle, est loin d'avoir dans cet état autant de réalité et d'influence que le prétendent nos écrivains.

En effet, il est aisé de voir qu'entre les différences qui distinguent les hommes, plusieurs passent pour naturelles qui sont uniquement l'ouvrage de l'habitude et des divers genres de vie que les hommes adoptent dans la société. Ainsi un tempérament robuste ou délicat, la force ou la faiblesse qui en dépendent, viennent souvent plus de la manière dure ou efféminée dont on a été élevé, que de la constitution primitive des corps. Il en est de même des forces de l'esprit ; et non seulement l'éducation met de la différence entre les esprits cultivés et ceux qui ne le sont pas, mais elle augmente celle qui se trouve entre les premiers à proportion de la culture : car qu'un géant et un nain marchent sur la même route, chaque pas qu'ils feront l'un et l'autre donnera un nouvel avantage au géant. Or, si l'on compare la diversité prodigieuse d'éducation et de genres de vie qui règnent dans les différents ordres de l'état civil avec la simplicité et l'uniformité de la vie animale et sauvage, où tous se nourrissent des mêmes aliments, vivent de la même manière, et font exactement les mêmes choses, on comprendra combien la différence d'homme à homme doit être moindre dans l'état de nature que dans celui de société, et combien l'inégalité naturelle doit augmenter dans l'espèce humaine par l'inégalité d'institution.

Mais quand la nature affecterait dans la distribution de ses dons autant de préférence qu'on le prétend, quel avantage les plus favorisés en tireraient-ils au préjudice des autres dans un état de choses qui n'admettrait presque aucune sorte de relation entre eux ? Là où il n'y a point d'amour, à quoi servira la beauté ? Que sert l'esprit à des gens qui ne parlent point, et la ruse à ceux qui n'ont point d'affaires ? J'entends toujours répéter que les plus forts opprimeront les faibles. Mais qu'on m'explique ce qu'on veut dire par ce mot d'oppression. Les uns domineront avec violence, les autres gémiront asservis à tous leurs caprices. Voilà précisément ce que j'observe parmi nous ; mais je ne vois pas comment cela pourrait se dire des hommes sauvages, à qui l'on aurait même bien de la peine à faire entendre ce que c'est que servitude et domination. Un homme pourra bien s'emparer des fruits qu'un autre aura cueillis, du gibier qu'il aura tué, de l'antre qui lui servait d'asile ; mais comment viendra-t-il jamais à bout de s'en faire obéir ? et quelles pourront être les chaînes de la dépendance parmi les hommes qui ne possèdent rien ? Si l'on me chasse d'un arbre, j'en suis quitte pour aller à un autre ; si l'on me tourmente dans un lieu, qui m'empêchera de passer ailleurs ? Se trouve-t-il un homme d'une force assez supérieure à la mienne, et de plus, assez dépravé, assez paresseux et assez féroce, pour me contraindre à pourvoir à sa subsistance pendant qu'il demeure oisif ? Il faut qu'il se résolve à ne pas me perdre de vue un seul instant, à me tenir lié avec un très grand soin durant son sommeil, de peur que je ne m'échappe ou que je ne le tue ; c'est-à-dire qu'il est obligé de s'exposer volontairement à une peine beaucoup plus grande que celle qu'il veut éviter, et que celle qu'il me donne à moi-même. Après tout cela, sa vigilance se relâche-t-elle un moment ? un bruit imprévu lui fait-il détourner la tête ? je fais vingt pas dans la forêt, mes fers sont brisés, et il ne me revoit de sa vie.

Sans prolonger inutilement ces détails, chacun doit voir que les liens de la servitude n'étant formés que de la dépendance mutuelle des hommes et des besoins réciproques qui les unissent, il est impossible d'asservir un homme sans l'avoir mis dans le cas de ne pouvoir se passer d'un autre ; situation qui, n'existant pas dans l'état de nature, y laisse chacun libre du joug, et rend vaine la loi du plus fort.

Après avoir prouvé que l'inégalité est à peine sensible dans l'état de nature, et que son influence y est presque nulle, il me reste à montrer son origine et ses progrès dans les développements successifs de l'esprit humain. Après avoir démontré que la *perfectibilité*, les vertus sociales, et les autres facultés que l'homme naturel avait reçues en puissance, ne pouvaient jamais se développer d'elles-mêmes, qu'elles avaient besoin pour cela du concours fortuit de plusieurs causes étrangères, qui pouvaient ne jamais naître, et sans lesquelles il fût demeuré éternellement dans sa condition primitive ; il me reste à considérer et à rapprocher les différents hasards qui ont pu perfectionner la raison humaine en détériorant l'espèce, rendre un être méchant en le rendant sociable, et, d'un terme si éloigné, amener enfin l'homme et le monde au point où nous les voyons.

J'avoue que les évènements que j'ai à décrire ayant pu arriver de plusieurs manières, je ne puis me déterminer sur le choix que par des conjectures ; mais outre que ces conjectures deviennent des raisons quand elles sont les plus probables qu'on puisse tirer de la nature des choses, et les seuls moyens qu'on puisse avoir de découvrir la vérité, les conséquences que je veux déduire des miennes ne seront point pour cela conjecturales, puisque, sur les principes que je viens d'établir, on ne saurait former aucun autre système qui ne me fournisse les mêmes résultats, et dont je ne puisse tirer les mêmes conclusions.

Ceci me dispensera d'étendre mes réflexions sur la manière dont le laps de temps compense le peu de vraisemblance des évènements ; sur la puissance surprenante des causes très légères, lorsqu'elles agissent sans relâche ; sur l'impossibilité où l'on est, d'un côté, de détruire certaines hypothèses, si de l'autre on se trouve hors d'état de leur donner le degré de certitude des faits ; sur ce que deux faits étant donnés comme réels à lier par une suite de faits intermédiaires, inconnus, ou regardés comme tels, c'est à l'histoire, quand on l'a, de donner les faits qui les lient ; c'est à la philosophie, à son défaut, de déterminer les faits semblables qui peuvent les lier ; enfin, sur ce qu'en matière d'évènements, la similitude réduit les faits à un beaucoup plus petit nombre de classes différentes qu'on ne se l'imagine.

Il me suffit d'offrir ces objets à la considération de mes juges ; il me suffit d'avoir fait en sorte que les lecteurs vulgaires n'eussent pas besoin de les considérer.

Seconde partie

Le premier qui, ayant enclos un terrain, s'avisa de dire : *Ceci est à moi*, et trouva des gens assez simples pour le croire, fut le vrai fondateur de la société civile. Que de crimes, de guerres, de meurtres, que de misères et d'horreurs n'eût point épargnés au genre humain celui qui, arrachant les pieux et comblant le fossé, eût crié à ses semblables : Gardez-vous d'écouter cet imposteur ; vous êtes perdus si vous oubliez que les fruits sont à tous, et que la terre n'est à personne ! Mais il y a grande apparence, qu'alors les choses en étaient déjà venues au point de ne pouvoir plus durer comme elles étaient : car cette idée de propriété, dépendant de beaucoup d'idées antérieures qui n'ont pu naître que successivement, ne se forma pas tout d'un coup dans l'esprit humain : il fallut faire bien des progrès, acquérir bien de l'industrie et des lumières, les transmettre et les augmenter d'âge en âge, avant d'arriver à ce dernier terme de l'état de nature. Reprenons donc les choses de plus haut, et tâchons de rassembler sous un seul point de vue cette lente succession d'évènements et de connaissances dans leur ordre le plus naturel.

Le premier sentiment de l'homme fut celui de son existence : son premier soin, celui de sa conservation. Les productions de la terre lui fournissaient tous les secours nécessaires : l'instinct le porta à en faire usage. La faim, d'autres appétits, lui faisant éprouver tour à tour diverses manières d'exister, il y en eut une qui l'invita à perpétuer son espèce ; et ce penchant aveugle, dépourvu de tout sentiment du cœur, ne produisait qu'un acte purement animal. Le besoin satisfait, les deux sexes ne se reconnaissaient plus, et l'enfant même n'était plus rien à la mère sitôt qu'il pouvait se passer d'elle.

Telle fut la condition de l'homme naissant ; telle fut la vie d'un animal borné d'abord aux pures sensations, et profitant à peine des dons que lui offrait la nature, loin de songer à lui rien arracher. Mais il se présenta bientôt des difficultés ; il fallut apprendre à les vaincre : la hauteur des arbres qui l'empêchait d'atteindre à leurs fruits, la concurrence des animaux qui cherchaient à s'en nourrir, la férocité de ceux qui en voulaient à sa propre vie, tout l'obligea de s'appliquer aux exercices du corps ; il fallut se rendre agile, vite à la course, vigoureux au combat. Les armes naturelles, qui sont les branches d'arbres et les pierres, se trouvèrent bientôt sous sa main. Il apprit à surmonter les obstacles de la nature, à combattre au besoin les autres animaux, à disputer sa subsistance aux hommes mêmes, ou à se dédommager de ce qu'il fallait céder au plus fort.

À mesure que le genre humain s'étendit, les peines se multiplièrent avec les hommes. La différence des terrains, des climats, des saisons, put les forcer à en mettre dans leur manière de vivre. Des années stériles, des hivers longs et rudes, des étés brûlants, qui consument tout, exigèrent d'eux une nouvelle industrie. Le long de la mer et des rivières, ils inventèrent la ligne et l'hameçon, et devinrent pêcheurs et ichtyophages. Dans les forêts, ils se firent des arcs et des flèches, et devinrent chasseurs et guerriers. Dans les pays froids, ils se couvrirent des peaux des bêtes qu'ils avaient tuées. Le tonnerre, un volcan, ou quelque heureux hasard, leur fit connaître le feu, nouvelle ressource contre la rigueur de l'hiver : ils apprirent à conserver cet élément, puis à le reproduire, et enfin à en préparer les viandes qu'auparavant ils dévoraient crues.

Cette application réitérée des êtres divers à lui-même, et des uns aux autres, dut naturellement engendrer dans l'esprit de l'homme les perceptions de certains rapports. Ces relations, que nous exprimons par les mots de grand, de petit, de fort, de faible, de vite, de lent, de peureux, de hardi, et d'autres idées pareilles, comparées au besoin, et presque sans y songer, produisirent enfin chez lui quelque sorte de réflexion, ou plutôt une prudence machinale qui lui indiquait les précautions les plus nécessaires à sa sûreté.

Les nouvelles lumières qui résultèrent de ce développement augmentèrent sa supériorité sur les animaux, en la lui faisant connaître. Il s'exerça à leur tendre des pièges ; il leur donna le change en mille manières et, quoique plusieurs le surpassassent en force au combat, de vitesse à la course, de ceux qui pouvaient lui servir ou lui nuire, il devint avec le temps le maître des uns et le fléau des autres. C'est ainsi que le premier regard qu'il porta sur lui-même y produisit le premier mouvement d'orgueil ; c'est ainsi que, sachant à peine distinguer les rangs, et se contemplant au premier par son espèce, il se préparait de loin à y prétendre par son individu.

Quoique ses semblables ne fussent pas pour lui ce qu'ils sont pour nous, et qu'il n'eût guère plus de commerce avec eux qu'avec les autres animaux, ils ne furent pas oubliés dans ses observations. Les conformités que le temps put lui faire apercevoir entre eux, sa femelle et lui-même, lui firent juger de celles qu'il n'apercevait pas ; et voyant qu'ils se conduisaient tous comme il aurait fait en de pareilles circonstances, il conclut que leur manière de penser et de sentir était entièrement conforme à la sienne ; et cette importante vérité, bien établie dans son esprit, lui fit suivre, par un pressentiment aussi sûr et plus prompt que la dialectique, les meilleures règles de conduite que, pour son avantage et sa sûreté, il convint de garder avec eux.

Instruit par l'expérience que l'amour du bien-être est le seul mobile des actions humaines, il se trouva en état de distinguer les occasions rares où l'intérêt commun devait le faire compter sur l'assistance de ses semblables, et celles plus rares encore où la concurrence devait le faire défier d'eux. Dans le premier cas, il s'unissait avec eux en troupeau, ou tout au plus par quelque sorte d'association libre qui n'obligeait personne, et qui ne durait qu'autant que le besoin passager qui l'avait formée. Dans le second, chacun cherchait à prendre ses avantages, soit à force ouverte, s'il croyait le pouvoir, soit par adresse et subtilité, s'il se sentait le plus faible.

Voilà comment les hommes purent insensiblement acquérir quelque idée grossière des engagements mutuels et de l'avantage de les remplir, mais seulement autant que pouvait l'exiger l'intérêt présent et sensible ; car la prévoyance n'était rien pour eux ; et, loin de s'occuper d'un avenir éloigné, ils ne songeaient pas même au lendemain. S'agissait-il de prendre un cerf, chacun sentait bien qu'il devait pour cela garder fidèlement son poste ; mais si un lièvre venait à passer à la portée de l'un d'eux, il ne faut pas douter qu'il ne le poursuivît sans scrupule, et qu'ayant atteint sa proie, il ne se souciât fort peu de faire manquer la leur à ses compagnons.

Il est aisé de comprendre qu'un pareil commerce n'exigeait pas un langage beaucoup plus raffiné que celui des corneilles ou des singes qui s'attroupent à peu près de même. Des cris inarticulés, beaucoup de gestes et quelques bruits imitatifs, durent composer pendant longtemps la langue universelle ; à quoi joignant dans chaque contrée quelques sons articulés et conventionnels dont, comme je l'ai déjà dit, il n'est pas trop facile d'expliquer l'institution, on eut des langues particulières, mais grossières, imparfaites, et telles à peu près qu'en ont encore aujourd'hui diverses nations sauvages.

Je parcours comme un trait des multitudes de siècles, forcé par le temps qui s'écoule, par l'abondance des choses que j'ai à dire, et par le progrès presque insensible des commencements ; car plus les évènements étaient lents à se succéder, plus ils sont prompts à décrire.

Ces premiers progrès mirent enfin l'homme à portée d'en faire de plus rapides. Plus l'esprit s'éclairait, et plus l'industrie se perfectionna. Bientôt, cessant de s'endormir sous le premier arbre, ou de se retirer dans des cavernes, on trouva quelques sortes de haches, de pierres dures et tranchantes qui servirent à couper du bois, creuser la terre, et faire des huttes de branchages, qu'on s'avisa ensuite d'enduire d'argile et de boue. Ce fut là l'époque d'une première révolution, qui forma l'établissement et la distinction des familles, et qui introduisit une sorte de propriété, d'où peut-être naquirent déjà bien des querelles et des combats. Cependant comme les plus forts furent vraisemblablement les premiers à se faire des logements qu'ils se sentaient capables de défendre, il est à croire que les faibles trouvèrent plus court et plus sûr de les imiter que de tenter de les déloger ; et quant à ceux qui avaient déjà des cabanes, aucun d'eux ne dut chercher à s'approprier celle de son voisin, moins parce qu'elle ne lui appartenait pas, que parce qu'elle lui était inutile, et qu'il ne pouvait s'en emparer sans s'exposer à un combat très vif avec la famille qui l'occupait.

Les premiers développements du cœur furent l'effet d'une situation nouvelle qui réunissait dans une habitation commune les maris et les femmes, les pères et les enfants. L'habitude de vivre ensemble fit naître les plus doux sentiments qui soient connus des hommes : l'amour conjugal et l'amour paternel. Chaque famille devint une petite société d'autant mieux unie, que l'attachement réciproque et la liberté en étaient les seuls liens ; et ce fut alors que s'établit la première différence dans la manière de vivre des deux sexes, qui jusqu'alors n'en avaient eu qu'une. Les femmes devinrent plus sédentaires et s'accoutumèrent à garder la cabane et les enfants, tandis que l'homme allait chercher la subsistance commune. Les deux sexes commencèrent aussi, par une vie un peu plus molle, à perdre quelque chose de leur férocité et de leur vigueur. Mais si chacun séparément devint moins propre à combattre les bêtes sauvages, en revanche, il fut plus aisé de s'assembler pour leur résister en commun.

Dans ce nouvel état, avec une vie simple et solitaire, des besoins très bornés, et les instruments qu'ils avaient inventés pour y pourvoir les hommes, jouissant d'un fort grand loisir, l'employèrent à se procurer plusieurs sortes de commodités inconnues à leurs pères ; et ce fut là le premier joug qu'ils s'imposèrent sans y songer, et la première source de maux qu'ils préparèrent à leurs descendants ; car, outre qu'ils continuèrent ainsi à s'amollir le corps et l'esprit, ces commodités, ayant par l'habitude perdu presque tout leur agrément, et étant en même temps dégénérées en de vrais besoins, la privation en devint beaucoup plus cruelle que la possession n'en était douce, et l'on était malheureux de les perdre sans être heureux de les posséder.

On entrevoit un peu mieux ici comment l'usage de la parole s'établit ou se perfectionna insensiblement dans le soin de chaque famille, et l'on peut conjecturer encore comment diverses causes particulières purent étendre le langage et en accélérer le progrès, en le rendant plus nécessaire. De grandes inondations ou des tremblements de terre environnèrent d'eaux ou de précipices des cantons habités ; des révolutions du globe détachèrent et coupèrent en îles des portions du continent. On conçoit qu'entre des hommes ainsi rapprochés et forcés de vivre ensemble, il dut se former un idiome commun, plutôt qu'entre ceux qui erraient librement dans les forêts de la terre ferme. Ainsi il est très possible qu'après leurs premiers essais de navigation, les insulaires aient porté parmi nous l'usage de la parole ; et il est très vraisemblable que la société et les langues ont pris naissance dans les îles, et s'y sont perfectionnées avant que d'être connues dans le continent.

Tout commence à changer de face. Les hommes errant jusqu'ici dans les bois, ayant pris une assiette plus fixe, se rapprochent lentement, se réunissent en diverses troupes, et forment enfin dans chaque contrée une nation particulière, unie de mœurs et de caractères, non par des règlements et des lois, mais par le même genre de vie et d'aliments, et par l'influence commune du climat. Un voisinage permanent ne peut manquer d'engendrer enfin quelque liaison entre diverses familles. Des jeunes gens de différents sexes habitent des cabanes voisines ; le commerce passager que demande la nature en amène un autre non moins doux, et plus permanent par la fréquentation mutuelle. On s'accoutume à considérer différents objets et à faire des comparaisons ; on acquiert insensiblement des idées de mérite et de beauté qui produisent des sentiments de préférence. À force de se voir, on ne peut plus se passer de se voir encore. Un sentiment tendre et doux s'insinue dans l'âme, et par la moindre opposition devient une fureur impétueuse : la jalousie s'éveille avec l'amour ; la discorde triomphe et la plus douce des passions reçoit des sacrifices de sang humain.

À mesure que les idées et les sentiments se succèdent, que l'esprit et le cœur s'exercent, le genre humain continue à s'apprivoiser, les liaisons s'étendent et les liens se resserrent. On s'accoutuma à s'assembler devant les cabanes ou autour d'un grand arbre : le chant et la danse, vrais enfants de l'amour et du loisir, devinrent l'amusement ou plutôt l'occupation des hommes et des femmes oisifs et attroupés. Chacun commença à regarder les autres et à vouloir être regardé soi-même, et l'estime publique eut un prix. Celui qui chantait ou dansait le mieux, le plus beau, le plus fort, le plus adroit, ou le plus éloquent, devint le plus considéré ; et ce fut le premier pas vers l'inégalité, et vers le vice en même temps : de ces premières préférences naquirent d'un côté la vanité et le mépris ; de l'autre, la honte et l'envie ; et la fermentation causée par ces nouveaux levains produisit enfin des composés funestes au bonheur et à l'innocence.

Sitôt que les hommes eurent commencé à s'apprécier mutuellement, et que l'idée de la considération fut formée dans leur esprit, chacun prétendit y avoir droit, et il ne fut plus possible d'en manquer impunément pour personne. De là sortirent les premiers devoirs de la civilité, même parmi les sauvages : et de là tout tort volontaire devint un outrage, parce qu'avec le mal qui résultait de l'injure, l'offensé y voyait le mépris de sa personne, souvent plus insupportable que le mal même. C'est ainsi que, chacun punissant le mépris qu'on lui avait témoigné au cas qu'il faisait de lui-même, les vengeances devinrent terribles, et les hommes sanguinaires et cruels. Voilà précisément le degré où étaient parvenus la plupart des peuples sauvages qui nous sont connus ; et c'est faute d'avoir suffisamment distingué les idées, et remarqué combien ces peuples étaient déjà loin du premier état de nature, que plusieurs se sont hâtés de conclure que l'homme est naturellement cruel, et qu'il a besoin de police pour l'adoucir ; tandis que rien n'est si doux que lui dans son état primitif, lorsque, placé par la nature à des distances égales de la stupidité des brutes et des lumières funestes de l'homme civil, et borné également par l'instinct et par la raison à se garantir du mal qui le menace, il est retenu par la pitié naturelle de faire lui-même du mal à personne, sans y être porté par rien, même après en avoir reçu. Car, selon l'axiome du sage Locke, *il ne saurait y avoir d'injure où il n'y a point de propriété*.

Mais il faut remarquer que la société commencée et les relations déjà établies exigeaient en eux des qualités différentes de celles qu'ils tenaient de leur constitution primitive ; que la moralité commençant à s'introduire dans les actions humaines, et chacun, avant les lois, étant seul juge et vengeur des offenses qu'il avait reçues, la bonté convenable au pur état de nature n'était plus celle qui convenait à la société naissante ; qu'il fallait que les punitions devinssent plus sévères à mesure que les occasions d'offenser devenaient plus fréquentes, et que c'était à la terreur des vengeances de tenir lieu du frein des lois. Ainsi, quoique les hommes fussent devenus moins endurants, et que la pitié naturelle eût déjà souffert quelque altération, cette période du développement des facultés humaines, tenant un juste milieu entre l'indolence de l'état primitif et la pétulante activité de notre amour-propre, dut être l'époque la plus heureuse et la plus durable. Plus on y réfléchit, plus on trouve que cet état était le moins sujet aux révolutions, le meilleur à l'homme (16), et qu'il n'en a dû sortir que par quelque funeste hasard, qui, pour l'utilité commune, eût dû ne jamais arriver. L'exemple des sauvages, qu'on a presque tous trouvés à ce point, semble confirmer que le genre humain était fait pour y rester toujours, que cet état est la véritable jeunesse du monde, et que tous les progrès ultérieurs ont été, en apparence, autant de pas vers la perfection de l'individu, et, en effet, vers la décrépitude de l'espèce.

Tant que les hommes se contentèrent de leurs cabanes rustiques, tant qu'ils se bornèrent à coudre leurs habits de peaux avec des épines ou des arêtes, à se parer de plumes et de coquillages, à se peindre le corps de diverses couleurs, à perfectionner ou embellir leurs arcs et leurs flèches, à tailler avec des pierres tranchantes quelques canots de pêcheurs ou quelques grossiers instruments de musique ; en un mot, tant qu'ils ne s'appliquèrent qu'à des ouvrages qu'un seul pouvait faire, et qu'à des arts qui n'avaient pas besoin du concours de plusieurs mains, ils vécurent libres, sains, bons et heureux autant qu'ils pouvaient l'être par leur nature, et continuèrent à jouir entre eux des douceurs d'un commerce indépendant : mais dès l'instant qu'un homme eut besoin du secours d'un autre, dès qu'on s'aperçut qu'il était utile à un seul d'avoir des provisions pour deux, l'égalité disparut, la propriété s'introduisit, le travail devint nécessaire, et les vastes forêts se changèrent en des campagnes riantes, qu'il fallut arroser de la sueur des hommes, et dans lesquelles on vit bientôt l'esclavage et la misère germer et croître avec les moissons.

La métallurgie et l'agriculture furent les deux arts dont l'invention produisit cette grande révolution. Pour le poète, c'est l'or et l'argent, mais pour le philosophe, ce sont le fer et le blé qui ont civilisé les hommes et perdu le genre humain. Aussi l'un et l'autre étaient-ils inconnus aux sauvages de l'Amérique, qui pour cela ont toujours demeurés tels ; les autres peuples semblent même être restés barbares tant qu'ils ont pratiqué l'un de ces arts sans l'autre. Et l'une des meilleures raisons peut-être pourquoi l'Europe a été, sinon plus tôt, du moins plus constamment et mieux policée que les autres parties du monde, c'est qu'elle est à la fois la plus abondante en fer et la plus fertile en blé.

Il est très difficile de conjecturer comment les hommes sont parvenus à connaître et employer le fer ; car il n'est pas croyable qu'ils aient imaginé d'eux-mêmes de tirer la matière de la mine, et de lui donner les préparations nécessaires pour la mettre en fusion avant que de savoir ce qui en résulterait. D'un autre côté, on peut d'autant moins attribuer cette découverte à quelque incendie accidentel, que les mines ne se forment que dans les lieux arides, et dénués d'arbres et de plantes ; de sorte qu'on dirait que la nature avait pris des précautions pour nous dérober ce fatal secret. Il ne reste donc que la circonstance extraordinaire de quelque volcan, qui, vomissant des matières métalliques en fusion, aura donné aux observateurs l'idée d'imiter cette opération de la nature ; encore faut-il leur supposer bien du courage et de la prévoyance pour entreprendre un travail aussi pénible, et envisager d'aussi loin les avantages qu'ils en pouvaient retirer ; ce qui ne convient guère qu'à des esprits déjà plus exercés que ceux-ci ne le devaient être.

Quant à l'agriculture, le principe en fut connu longtemps avant que la pratique en fût établie ; et il n'est guère possible que les hommes, sans cesse occupés à tirer leur subsistance des arbres et des plantes, n'eussent assez promptement l'idée des voies que la nature emploie pour la génération des végétaux ; mais leur industrie ne se tourna probablement que fort tard de ce côté-là, soit parce que les arbres qui, avec la chasse et la pêche, fournissaient à leur nourriture, n'avaient pas besoin de leurs soins, soit faute de connaître l'usage du blé, soit faute d'instrument pour le cultiver, soit faute de prévoyance pour le besoin à venir, soit enfin faute de moyens pour empêcher les autres de s'approprier le fruit de leur travail. Devenus plus industrieux, on peut croire qu'avec des pierres aiguës et des bâtons pointus ils commencèrent par cultiver quelques légumes ou racines autour de leurs cabanes, longtemps avant de savoir préparer le blé et d'avoir les instruments nécessaires pour la culture en grand ; sans compter que, pour se livrer à cette occupation et ensemencer des terres, il faut se résoudre à perdre d'abord quelque chose pour gagner beaucoup dans la suite ; précaution fort éloignée du tour d'esprit de l'homme sauvage, qui, comme je l'ai dit, a bien de la peine à songer le matin, à ses besoins du soir.

L'invention des autres arts fut donc nécessaire pour forcer le genre humain de s'appliquer à celui de l'agriculture. Dès qu'il fallut des hommes pour fondre et forger le fer, il fallut d'autres hommes pour nourrir ceux-là. Plus le nombre des ouvriers vint à se multiplier, moins il y eut de mains employées à la subsistance commune, sans qu'il y eût moins de bouches pour la consommer ; et comme il fallut aux uns des denrées en échange de leur fer, les autres trouvèrent enfin le secret d'employer le fer à la multiplication des denrées. De là naquirent d'un côté le labourage et l'agriculture, et de l'autre l'art de travailler les métaux et d'en multiplier les usages.

De la culture des terres s'ensuivit nécessairement leur partage, et, de la propriété une fois reconnue, les premières règles de justice : car, pour rendre à chacun le sien, il faut que chacun puisse avoir quelque chose ; de plus, les hommes commençant à porter leurs vues dans l'avenir, et se voyant tous quelques biens à perdre, il n'y en avait aucun qui n'eût à craindre pour soi la représaille des torts qu'il pouvait faire à autrui. Cette origine est d'autant plus naturelle, qu'il est impossible de concevoir l'idée de la propriété naissante d'ailleurs que de la main-d'œuvre ; car on ne voit pas ce que, pour s'approprier les choses qu'il n'a point faites, l'homme y peut mettre de plus que son travail. C'est le seul travail qui, donnant droit au cultivateur sur le produit de la terre qu'il a labourée, lui en donne par conséquent sur le fonds, au moins jusqu'à la récolte, et ainsi d'année en année ; ce qui, faisant une possession continue, se transforme aisément en propriété. Lorsque les Anciens, dit Grotius, ont donné à Cérès l'épithète de législatrice, et à une fête célébrée en son honneur le nom de Thesmophorie, ils ont fait entendre par là que le partage des terres a produit une nouvelle sorte de droit, c'est-à-dire le droit de propriété, différent de celui qui résulte de la loi naturelle.

Les choses en cet état eussent pu demeurer égales si les talents eussent été égaux, et que, par exemple, l'emploi du fer et la consommation des denrées eussent toujours fait une balance exacte ; mais la proportion que rien ne maintenait fut bientôt rompue ; le plus fort faisait plus d'ouvrage ; le plus adroit tirait meilleur parti du sien ; le plus ingénieux trouvait des moyens d'abréger le travail ; le laboureur avait plus besoin de fer, ou le forgeron avait plus besoin de blé ; et en travaillant également, l'un gagnait beaucoup, tandis que l'autre avait peine à vivre. C'est ainsi que l'inégalité naturelle se déploie insensiblement avec celle de combinaison, et que les différences des hommes, développées par celles des circonstances, se rendent plus sensibles, plus permanentes dans leurs effets, et commencent à influer dans la même proportion sur le sort des particuliers.

Les choses étant parvenues à ce point, il est facile d'imaginer le reste. Je ne m'arrêterai pas à décrire l'invention successive des autres arts, le progrès des langues, l'épreuve et l'emploi des talents, l'inégalité des fortunes, l'usage ou l'abus des richesses, ni tous les détails qui suivent ceux-ci, et que chacun peut aisément suppléer. Je me bornerai seulement à jeter un coup d'œil sur le genre humain placé dans ce nouvel ordre de chose.

Voilà donc toutes nos facultés développées, la mémoire et l'imagination en jeu, l'amour-propre intéressé, la raison rendue active, et l'esprit arrivé presque au terme de la perfection dont il est susceptible. Voilà toutes les qualités naturelles mises en action, le rang et le sort de chaque homme établis, non seulement sur la quantité des biens et le pouvoir de servir ou de nuire, mais sur l'esprit, la beauté, la force ou l'adresse, sur le mérite ou les talents ; et ces qualités étant les seules qui pouvaient attirer de la considération, il fallut bientôt les avoir ou les affecter. Il fallut, pour son avantage, se montrer autre que ce qu'on était en effet. Être et paraître devinrent deux choses tout à fait différentes, et de cette distinction sortirent le faste imposant, la ruse trompeuse, et tous les vices qui en sont le cortège. D'un autre côté, de libre et indépendant qu'était auparavant l'homme, le voilà, par une multitude de nouveaux besoins, assujetti, pour ainsi dire, à toute la nature, et surtout à ses semblables, dont il devient l'esclave en un sens, même en devenant leur maître : riche, il a besoin de leurs services ; pauvre, il a besoin de leurs secours, et la médiocrité ne le met point en état de se passer d'eux. Il faut donc qu'il cherche sans cesse à les intéresser à son sort, et à leur faire trouver, en effet ou en apparence, leur profit à travailler pour le sien : ce qui le rend fourbe et artificieux avec les uns, impérieux et dur avec les autres, et le met dans la nécessité d'abuser tous ceux dont il a besoin quand il ne peut s'en faire craindre, et qu'il ne trouve pas son intérêt à les servir utilement. Enfin l'ambition dévorante, l'ardeur d'élever sa fortune relative, moins par un véritable besoin que pour se mettre au-dessus des autres, inspire à tous les hommes un noir penchant à se nuire mutuellement, une jalousie secrète, d'autant plus dangereuse que, pour faire son coup plus en sûreté, elle prend souvent le masque de la bienveillance ; en un mot, concurrence et rivalité d'une part, de l'autre oppositions d'intérêts, et toujours le désir caché de faire son profit aux dépens d'autrui : tous ces maux sont le premier effet de la propriété et le cortège inséparable de l'inégalité naissante.

Avant qu'on eût inventé les signes représentatifs des richesses, elles ne pouvaient guère consister qu'en terres et en bestiaux, les seuls biens réels que les hommes puissent posséder. Or, quand les héritages se furent accrus en nombre et en étendue au point de couvrir le sol entier et de se toucher tous, les uns ne purent plus s'agrandir qu'aux dépens des autres, et les surnuméraires que la faiblesse ou l'indolence avaient empêchés d'en acquérir à leur tour, devenus pauvres sans avoir rien perdu, parce que, tout changeant autour d'eux, eux seuls n'avaient point changé, furent obligés de recevoir ou de ravir leur subsistance de la main des riches ; et de là commencèrent à naître, selon les divers caractères des uns et des autres, la domination et la servitude, ou la violence et les rapines. Les riches, de leur côté, connurent à peine le plaisir de dominer, qu'ils dédaignèrent bientôt tous les autres ; et, se servant de leurs anciens esclaves pour en soumettre de nouveaux, ils ne songèrent qu'à subjuguer et asservir leurs voisins : semblables à ces loups affamés qui, ayant une fois goûté de la chair humaine, rebutent toute autre nourriture, et ne veulent plus que dévorer des hommes.

C'est ainsi que les plus puissants ou les plus misérables se faisant de leurs forces ou de leurs besoins une sorte de droit au bien d'autrui, équivalent, selon eux, à celui de propriété, l'égalité rompue fut suivie du plus affreux désordre ; c'est ainsi que les usurpations des riches, les brigandages des pauvres, les passions effrénées de tous, étouffant la pitié naturelle et la voix encore faible de la justice, rendirent les hommes avares, ambitieux et méchants. Il s'élevait entre le droit du plus fort et le droit du premier occupant un conflit perpétuel qui ne se terminait que par des combats et des meurtres (17). La société naissante fit place au plus horrible état de guerre ; le genre humain, avili et désolé, ne pouvant plus retourner sur ses pas, ni renoncer aux acquisitions malheureuses qu'il avait faites, et ne travaillant qu'à sa honte, par l'abus des facultés qui l'honorent, se mit lui-même à la veille de sa ruine.

> *Attonitus novitate mali, divesque, miserque,*
> *Effugere optat opes, et quæ modo voverat odit.*

Il n'est pas possible que les hommes n'aient fait enfin des réflexions sur une situation aussi misérable et sur les calamités dont ils étaient accablés. Les riches surtout durent bientôt sentir combien leur était désavantageuse une guerre perpétuelle, dont ils faisaient seuls tous les frais, et dans laquelle le risque de la vie était commun, et celui des biens, particulier. D'ailleurs, quelque couleur qu'ils pussent donner à leurs usurpations ils sentaient assez qu'elles n'étaient établies que sur un droit précaire et abusif, et que, n'ayant été acquises que par la force, la force pouvait les leur ôter sans qu'ils eussent raison de s'en plaindre. Ceux même que la seule industrie avait enrichis ne pouvaient guère fonder leurs propriétés sur de meilleurs titres. Ils avaient beau dire : C'est moi qui ai bâti ce mur ; j'ai gagné ce terrain par mon travail. Qui vous a donné les alignements, leur pouvait-on répondre ; et en vertu de quoi prétendez-vous être payés à nos dépens d'un travail que nous ne vous avons point imposé ? Ignorez-vous qu'une multitude de vos frères périt ou souffre du besoin de ce que vous avez de trop, et qu'il vous fallait un consentement exprès ou unanime du genre humain pour vous approprier sur la subsistance commune tout ce qui allait au-delà de la vôtre ? Destitué de raisons valables pour se justifier et de forces suffisantes pour se défendre ; écrasant facilement un particulier, mais écrasé lui-même par des troupes de bandits ; seul contre tous, et ne pouvant, à cause des jalousies mutuelles, s'unir avec ses égaux contre des ennemis unis par l'espoir commun du pillage, le riche, pressé par la nécessité, conçut enfin le projet le plus réfléchi qui soit jamais entré dans l'esprit humain ; ce fut d'employer en sa faveur les forces mêmes de ceux qui l'attaquaient, de faire ses défenseurs de ses adversaires, de leur inspirer d'autres maximes, et de leur donner d'autres institutions qui lui fussent aussi favorables que le droit naturel lui était contraire.

Dans cette vue, après avoir exposé à ses voisins l'horreur d'une situation qui les armait tous les uns contre les autres, qui leur rendait leurs possessions aussi onéreuses que leurs besoins, et où nul ne trouvait sa sûreté ni dans la pauvreté ni dans la richesse, il inventa aisément des raisons spécieuses pour les amener à son but. « Unissons-nous, leur dit-il, pour garantir de l'oppression les faibles contenir les ambitieux, et assurer à chacun la possession de ce qui lui appartient : instituons des règlements de justice et de paix auxquels tous soient obligés de se conformer, qui ne fassent acception de personnes, et qui réparent en quelque sorte les caprices de la fortune, en soumettant également le puissant et le faible à des devoirs mutuels. En un mot, au lieu de tourner nos forces contre nous-mêmes, rassemblons-les en un pouvoir suprême qui nous gouverne selon de sages lois, qui protège et défende tous les membres de l'association, repousse les ennemis communs, et nous maintienne dans une concorde éternelle. »

Il en fallut beaucoup moins que l'équivalent de ce discours pour entraîner des hommes grossiers, faciles à séduire, qui d'ailleurs avaient trop d'affaires à démêler entre eux pour pouvoir se passer d'arbitres, et trop d'avarice et d'ambition pour pouvoir longtemps se passer de maîtres. Tous coururent au-devant de leurs fers, croyant assurer leur liberté ; car avec assez de raison pour sentir les avantages d'un établissement politique, ils n'avaient pas assez d'expérience pour en prévoir les dangers : les plus capables de pressentir les abus étaient précisément ceux qui comptaient d'en profiter ; et les sages mêmes virent qu'il fallait se résoudre à sacrifier une partie de leur liberté à la conservation de l'autre, comme un blessé se fait couper le bras pour sauver le reste du corps.

Telle fut ou dut être l'origine de la société et des lois, qui donnèrent de nouvelles forces au riche (18), détruisirent sans retour la liberté naturelle, fixèrent pour jamais la loi de la propriété et de l'inégalité, d'une adroite usurpation firent une loi irrévocable, et, pour le profit de quelques ambitieux, assujettirent désormais tout le genre humain au travail, à la servitude et à la misère. On voit aisément comment l'établissement d'une seule société rendit indispensable celui de toutes les autres, et comment, pour faire tête à des forces unies, il fallut s'unir à son tour. Les sociétés se multipliant ou s'étendant rapidement, couvrirent bientôt toute la surface de la terre ; et il ne fut plus bientôt possible de trouver un seul coin dans l'univers où l'on pût s'affranchir du joug, et soustraire sa tête au glaive souvent mal conduit que chaque homme vit perpétuellement suspendu sur la sienne. Le droit civil étant ainsi devenu la règle commune des citoyens, la loi de nature n'eut plus lieu qu'entre les diverses sociétés, où, sous le nom de droit des gens, elle fut tempérée par quelques conventions tacites pour rendre le commerce possible et suppléer à la commisération naturelle, qui, perdant de société à société presque toute la force qu'elle avait d'homme à homme, ne réside plus que dans quelques grandes âmes cosmopolites qui franchissent les barrières imaginaires qui séparent les peuples, et qui, à l'exemple de l'être souverain qui les a créés, embrassent tout le genre humain dans leur bienveillance.

Les corps politiques, restant ainsi entre eux dans l'état de nature, se ressentirent bientôt des inconvénients qui avaient forcé les particuliers d'en sortir ; et cet état devint encore plus funeste entre ces grands corps qu'il ne l'avait été auparavant entre les individus dont ils étaient composés. De là sortirent les guerres nationales, les batailles, les meurtres, les représailles, qui font frémir la nature et choquent la raison, et tous ces préjugés horribles qui placent au rang des vertus l'honneur de répandre le sang humain. Les plus honnêtes gens apprirent à compter parmi leurs devoirs celui d'égorger leurs semblables : on vit enfin les hommes se massacrer par milliers sans savoir pourquoi ; et il se commettait plus de meurtres en un seul jour de combat, et plus d'horreurs à la prise d'une seule ville, qu'il ne s'en était commis dans l'état de nature, durant des siècles entiers, sur toute la surface de la terre. Tels sont les premiers effets qu'on entrevoit de la division du genre humain en différentes sociétés. Revenons à leur institution.

Je sais que plusieurs ont donné d'autres origines aux sociétés politiques, comme les conquêtes du plus puissant, ou l'union des faibles ; et le choix entre ces causes est indifférent à ce que je veux établir : cependant celle que je viens d'exposer me paraît la plus naturelle par les raisons suivantes : 1° Que, dans le premier cas, le droit de conquête n'étant point un droit, n'en a pu fonder aucun autre, le conquérant et les peuples conquis restant toujours entre eux dans l'état de guerre, à moins que la nation, remise en pleine liberté, ne choisisse volontairement son vainqueur pour son chef : jusque-là, quelques capitulations qu'on ait faites, comme elles n'ont été fondées que sur la violence, et que par conséquent elles sont nulles par le fait même, il ne peut y avoir, dans cette hypothèse, ni véritable société, ni corps politique, ni d'autre loi que celle du plus fort ; 2° Que ces mots de *fort* et de *faible* sont équivoques dans le second cas ; que, dans l'intervalle qui se trouve entre l'établissement du droit de propriété ou de premier occupant et celui des gouvernements politiques, le sens de ces termes est mieux rendu par ceux de *pauvre* et de *riche*, parce qu'en effet un homme n'avait point, avant les lois, d'autre moyen d'assujettir ses égaux qu'en attaquant leur bien, ou leur faisant quelque part du sien ; 3° Que les pauvres n'ayant rien à perdre que leur liberté, c'eût été une grande folie à eux de s'ôter volontairement le seul bien qui leur restait, pour ne rien gagner en échange ; qu'au contraire, les riches étant, pour ainsi dire, sensibles dans toutes les parties de leurs biens, il était beaucoup plus aisé de leur faire du mal ; qu'ils avaient, par conséquent, plus de précautions à prendre pour s'en garantir ; et qu'enfin, il est raisonnable de croire qu'une chose a été inventée par ceux à qui elle est utile plutôt que par ceux à qui elle fait du tort.

Le gouvernement naissant n'eut point une forme constante et régulière. Le défaut de philosophie et d'expérience ne laissait apercevoir que les inconvénients présents, et l'on ne songeait à remédier aux autres qu'à mesure qu'ils se présentaient. Malgré tous les travaux des plus sages législateurs, l'état politique demeura toujours imparfait, parce qu'il était presque l'ouvrage du hasard, et que, mal commencé, le temps, en découvrant les défauts et suggérant les remèdes, ne put jamais réparer les vices de la constitution : on raccommodait sans cesse, au lieu qu'il eût fallu commencer par nettoyer l'aire et écarter tous les vieux matériaux, comme fit Lycurgue à Sparte, pour élever ensuite un bon édifice. La société ne consista d'abord qu'en quelques conventions générales que tous les particuliers s'engageaient à observer, et dont la communauté se rendait garante envers chacun d'eux. Il fallut que l'expérience montrât combien une pareille constitution était faible, et combien il était facile aux infracteurs d'éviter la conviction ou le châtiment des fautes dont le public seul devait être le témoin et le juge ; il fallut que la loi fût éludée de mille manières ; il fallut que les inconvénients et les désordres se multipliassent continuellement, pour qu'on songeât enfin à confier à des particuliers le dangereux dépôt de l'autorité publique, et qu'on commît à des magistrats le soin de faire observer les délibérations du peuple ; car de dire que les chefs furent choisis avant que la confédération fût faite, et que les ministres des lois existèrent avant les lois mêmes, c'est une supposition qu'il n'est pas permis de combattre sérieusement.

Il ne serait pas plus raisonnable de croire que les peuples se sont d'abord jetés entre les bras d'un maître absolu, sans conditions et sans retour, et que le premier moyen de pourvoir à la sûreté commune qu'aient imaginé des hommes fiers et indomptés a été de se précipiter dans l'esclavage. En effet, pourquoi se sont-ils donné des supérieurs, si ce n'est pour les défendre contre l'oppression, et protéger leurs biens, leurs libertés et leurs vies, qui sont, pour ainsi dire, les éléments constitutifs de leur être ? Or, dans les relations d'homme à homme, le pis qui puisse arriver à l'un étant de se voir à la discrétion de l'autre, n'eût-il pas été contre le bon sens de commencer par se dépouiller entre les mains d'un chef des seules choses pour la conservation desquelles ils avaient besoin de son secours ? Quel équivalent eût-il pu leur offrir pour la concession d'un si beau droit ? et, s'il eût osé l'exiger sous le prétexte de les défendre, n'eût-il pas aussitôt reçu la réponse de l'apologue : Que nous fera de plus l'ennemi ? Il est donc incontestable, et c'est la maxime fondamentale de tout le droit politique, que les peuples se sont donné des chefs pour défendre leur liberté, et non pour les asservir. *Si nous avons un prince*, disait Pline à Trajan, *c'est afin qu'il nous préserve d'avoir un maître*.

Les politiques font sur l'amour de la liberté les mêmes sophismes que les philosophes ont faits sur l'état de la nature : par les choses qu'ils voient, ils jugent des choses très différentes qu'ils n'ont pas vues, et ils attribuent aux hommes un penchant naturel à la servitude, par la patience avec laquelle ceux qu'ils ont sous les yeux supportent la leur, sans songer qu'il en est de la liberté comme de l'innocence et de la vertu, dont on ne sent le prix qu'autant qu'on en jouit soi-même, et dont le goût se perd sitôt qu'on les a perdues. « Je connais les délices de ton pays, disait Brasidas à un satrape qui comparait la vie de Sparte à celle de Persépolis ; mais tu ne peux connaître les plaisirs du mien. »

Comme un coursier indompté hérisse ses crins, frappe la terre du pied et se débat impétueusement à la seule approche du mors, tandis qu'un cheval dressé souffre patiemment la verge et l'éperon, l'homme barbare ne plie point sa tête au joug que l'homme civilisé porte sans murmure, et il préfère la plus orageuse liberté à un assujettissement tranquille. Ce n'est donc pas par l'avilissement des peuples asservis qu'il faut juger des dispositions naturelles de l'homme pour ou contre la servitude, mais par les prodiges qu'ont faits tous les peuples libres pour se garantir de l'oppression. Je sais que les premiers ne font que vanter sans cesse la paix et le repos dont ils jouissent dans leurs fers, et que *miserrimam servitutem pacem appellant* : mais quand je vois les autres sacrifier les plaisirs, le repos, la richesse, la puissance, et la vie même, à la conservation de ce seul bien si dédaigné de ceux qui l'ont perdu ; quand je vois des animaux, nés libres et abhorrant la captivité, se briser la tête contre les barreaux de leur prison ; quand je vois des multitudes de sauvages tout nus mépriser les voluptés européennes, et braver la faim, le feu, le fer et la mort, pour ne conserver que leur indépendance, je sens que ce n'est pas à des esclaves qu'il appartient de raisonner de liberté.

Quant à l'autorité paternelle, dont plusieurs ont fait dériver le gouvernement absolu et toute la société, sans recourir aux preuves contraires de Locke et de Sidney, il suffit de remarquer que rien au monde n'est plus éloigné de l'esprit féroce du despotisme que la douceur de cette autorité, qui regarde plus à l'avantage de celui qui obéit qu'à l'utilité de celui qui commande ; que, par la loi de nature le père n'est le maître de l'enfant qu'aussi longtemps que son secours lui est nécessaire ; qu'au-delà de ce terme ils deviennent égaux, et qu'alors le fils, parfaitement indépendant du père, ne lui doit que du respect et non de l'obéissance ; car la reconnaissance est bien un devoir qu'il faut rendre, mais non pas un droit qu'on puisse exiger. Au lieu de dire que la société civile dérive du pouvoir paternel, il fallait dire au contraire que c'est d'elle que ce pouvoir tire sa principale force. Un individu ne fut reconnu pour le père de plusieurs que quand ils restèrent assemblés autour de lui. Les biens du père, dont il est véritablement le maître, sont les liens qui retiennent ses enfants dans sa dépendance, et il peut ne leur donner part à sa succession qu'à proportion qu'ils auront bien mérité de lui par une continuelle déférence à ses volontés. Or, loin que les sujets aient quelque faveur semblable à attendre de leur despote, comme ils lui appartiennent en propre, eux et tout ce qu'ils possèdent, ou du moins qu'il le prétend ainsi, ils sont réduits à recevoir comme une faveur ce qu'il leur laisse de leur propre bien : il fait justice quand il les dépouille ; il fait grâce quand il les laisse vivre.

En continuant d'examiner ainsi les faits par le droit, on ne trouverait pas plus de solidité que dans l'établissement volontaire de la tyrannie, et il serait difficile de montrer la validité d'un contrat qui n'obligerait qu'une des parties où l'on mettrait tout d'un côté et rien de l'autre, et qui ne tournerait qu'au préjudice de celui qui s'engage. Ce système odieux est bien éloigné d'être, même aujourd'hui, celui des sages et bons monarques, et surtout des rois de France, comme on peut le voir en divers endroits de leurs édits, et en particulier dans le passage suivant d'un écrit célèbre, publié en 1667, au nom et par les ordres de Louis XIV : « Qu'on ne dise donc point que le souverain ne soit pas sujet aux lois de son État, puisque la proposition contraire est une vérité du droit des gens, que la flatterie a quelquefois attaquée, mais que les bons princes ont toujours défendue comme une divinité tutélaire de leurs États. Combien est-il plus légitime de dire, avec le sage Platon, que la parfaite félicité d'un royaume est qu'un prince obéisse à la loi, et que la loi soit droite et toujours dirigée au bien public » Je ne m'arrêterai point à chercher si la liberté étant la plus noble des facultés de l'homme, ce n'est pas dégrader sa nature, se mettre au niveau des bêtes esclaves de l'instinct, offenser même l'auteur de son être, que de renoncer sans réserve au plus précieux de tous ses dons que de se soumettre à commettre tous les crimes qu'il nous défend, pour complaire à un maître féroce ou insensé, et si cet ouvrier sublime doit être plus irrité de voir détruire que déshonorer son plus bel ouvrage. Je négligerai, si l'on veut, l'autorité de Barbeyrae, qui déclare nettement, d'après Locke, que nul ne peut vendre sa liberté jusqu'à se soumettre à une puissance arbitraire qui le traite à sa fantaisie : *Car*, ajoute-t-il, *ce serait vendre sa propre vie, dont on n'est pas le maître.* Je demanderai seulement de quel droit ceux qui n'ont pas craint de s'avilir eux-mêmes jusqu'à ce point, ont pu soumettre leur postérité à la même ignominie, et renoncer pour elle à des biens qu'elle ne tient point de leur libéralité et sans lesquels la vie même est onéreuse à tous ceux qui en sont dignes.

Puffendorff dit que, tout de même qu'on transfère son bien à autrui par des conventions et des contrats, on peut aussi se dépouiller de sa liberté en faveur de quelqu'un. C'est là, ce me semble, un fort mauvais raisonnement : car, premièrement, le bien que j'aliène me devient une chose tout à fait étrangère, et dont l'abus m'est indifférent ; mais il m'importe qu'on n'abuse point de ma liberté, et je ne puis, sans me rendre coupable du mal qu'on me forcera de faire, m'exposer à devenir l'instrument du crime. De plus, le droit de propriété n'étant que de convention et d'institution humaine, tout homme peut à son gré disposer de ce qu'il possède : mais il n'en est pas de même des dons essentiels de la nature, tels que la vie et la liberté, dont il est permis à chacun de jouir, et dont il est au moins douteux qu'on ait droit de se dépouiller : en s'ôtant l'une on dégrade son être ; en s'ôtant l'autre on l'anéantit autant qu'il est en soi ; et comme nul bien temporel ne peut dédommager de l'une et de l'autre, ce serait offenser à la fois la nature et la raison que d'y renoncer à quelque prix que ce fût. Mais quand on pourrait aliéner sa liberté comme ses biens, la différence serait très grande pour les enfants, qui ne jouissent des biens du père que par la transmission de son droit ; au lieu que la liberté étant un don qu'ils tiennent de la nature en qualité d'hommes, leurs parents n'ont aucun droit de les en dépouiller ; de sorte que, comme pour établir l'esclavage, il a fallu faire violence à la nature, il a fallu la changer pour perpétuer ce droit : et les jurisconsultes qui ont gravement prononcé que l'enfant d'une esclave naîtrait esclave ont décidé en d'autres termes qu'un homme ne naîtrait pas homme.

Il me paraît donc certain que non seulement les gouvernements n'ont point commencé par le pouvoir arbitraire, qui n'en est que la corruption, le terme extrême, et qui les ramène enfin à la seule loi du plus fort, dont ils furent d'abord le remède ; mais encore que, quand même ils auraient ainsi commencé, ce pouvoir, étant par sa nature illégitime, n'a pu servir de fondement aux droits de la société, ni par conséquent à l'inégalité d'institution.

Sans entrer aujourd'hui dans les recherches qui sont encore à faire sur la nature du pacte fondamental de tout gouvernement, je me borne, en suivant l'opinion commune, à considérer ici l'établissement du corps politique comme un vrai contrat entre le peuple et les chefs qu'il se choisit ; contrat par lequel les deux parties s'obligent à l'observation des lois qui y sont stipulées, et qui forment les liens de leur union. Le peuple, ayant, au sujet des relations sociales, réuni toutes ses volontés en une seule, tous les articles sur lesquels cette volonté s'explique deviennent autant de lois fondamentales qui obligent tous les membres de l'État sans exception, et l'une desquelles règle le choix et le pouvoir des magistrats chargés de veiller à l'exécution des autres. Ce pouvoir s'étend à tout ce qui peut maintenir la constitution, sans aller jusqu'à la changer. On y joint des honneurs qui rendent respectables les lois et leurs ministres, et pour ceux-ci personnellement, des prérogatives qui les dédommagent des pénibles travaux que coûte une bonne administration. Le magistrat, de son côté, s'oblige à n'user du pouvoir qui lui est confié que selon l'intention des commettants, à maintenir chacun dans la paisible jouissance de ce qui lui appartient, et à préférer en toute occasion l'utilité publique à son propre intérêt.

Avant que l'expérience eût montré ou que la connaissance du cœur humain eût fait prévoir les abus inévitables d'une telle constitution, elle dut paraître d'autant meilleure, que ceux qui étaient chargés de veiller à sa conservation y étaient eux-mêmes les plus intéressés : car la magistrature et ses droits n'étant établis que sur les lois fondamentales, aussitôt qu'elles seraient détruites, les magistrats cesseraient d'être légitimes, le peuple ne serait plus tenu de leur obéir ; et comme ce n'aurait pas été le magistrat, mais la loi, qui aurait constitué l'essence de l'État, chacun rentrerait de droit dans sa liberté naturelle.

Pour peu qu'on y réfléchît attentivement, ceci se confirmerait par de nouvelles raisons, et par la nature du contrat on verrait qu'il ne saurait être irrévocable : car s'il n'y avait point de pouvoir supérieur qui pût être garant de la fidélité des contractants, ni les forcer à remplir leurs engagements réciproques, les parties demeureraient seules juges dans leur propre cause, et chacune d'elles aurait toujours le droit de renoncer au contrat sitôt qu'elle trouverait que l'autre en enfreint les conditions, ou qu'elles cesseraient de lui convenir. C'est sur ce principe qu'il semble que le droit d'abdiquer peut être fondé. Or, à ne considérer, comme nous faisons, que l'institution humaine, si le magistrat, qui a tout le pouvoir en main et qui s'approprie tous les avantages du contrat, avait pourtant le droit de renoncer à l'autorité ; à plus forte raison le peuple, qui paye toutes les fautes des chefs, devrait avoir le droit de renoncer à la dépendance. Mais les dissensions affreuses, les désordres infinis qu'entraînerait nécessairement ce dangereux pouvoir, montrent, plus que toute autre chose, combien les gouvernements humains avaient besoin d'une base plus solide que la seule raison, et combien il était nécessaire au repos public que la volonté divine intervînt pour donner à l'autorité souveraine un caractère sacré et inviolable, qui ôtât aux sujets le funeste droit d'en disposer. Quand la religion n'aurait fait que ce bien aux hommes, c'en serait assez pour qu'ils dussent tous la chérir et l'adopter, même avec ses abus, puisqu'elle épargne encore plus de sang que le fanatisme n'en fait couler. Mais suivons le fil de notre hypothèse.

Les diverses formes des gouvernements tirent leur origine des différences plus ou moins grandes qui se trouvèrent entre les particuliers au moment de l'institution. Un homme était-il éminent en pouvoir, en vertu, en richesse ou en crédit, il fut seul élu magistrat, et l'État devint monarchique. Si plusieurs, à peu près égaux entre eux, l'emportaient sur tous les autres, ils furent élus conjointement, et l'on eut une aristocratie. Ceux dont la fortune et les talents étaient moins disproportionnés, et qui s'étaient le moins éloignés de l'état de nature, gardèrent en commun l'administration suprême, et formèrent une démocratie. Le temps vérifia laquelle de ces formes était la plus avantageuse aux hommes : les uns restèrent uniquement soumis aux lois, les autres obéirent bientôt à des maîtres ; les citoyens voulurent garder leur liberté ; les sujets ne songèrent qu'à l'ôter à leurs voisins, ne pouvant souffrir que d'autres jouissent d'un bien dont ils ne jouissaient plus eux-mêmes. En un mot, d'un côté furent les richesses et les conquêtes, et de l'autre le bonheur et la vertu.

Dans ces divers gouvernements, toutes les magistratures furent d'abord électives ; et quand la richesse ne l'emportait pas, la préférence était accordée au mérite, qui donne un ascendant naturel, et à l'âge, qui donne l'expérience dans les affaires et le sang-froid dans les délibérations. Les anciens des Hébreux, les gérontes de Sparte, le sénat de Rome, et l'étymologie même de notre mot *seigneur*, montrent combien autrefois la vieillesse était respectée. Plus les élections tombaient sur des hommes avancés en âge, plus elles devenaient fréquentes, et plus leurs embarras se faisaient sentir : les brigues s'introduisirent, les factions se formèrent, les partis s'aigrirent, les guerres civiles s'allumèrent ; enfin le sang des citoyens fut sacrifié au prétendu bonheur de l'État, et l'on fut à la veille de retomber dans l'anarchie des temps antérieurs. L'ambition des principaux profita de ces circonstances pour perpétuer leurs charges dans leurs familles ; le peuple, déjà accoutumé à la dépendance, au repos et aux commodités de la vie, et déjà hors d'état de briser ses fers, consentit à laisser augmenter sa servitude pour affermir sa tranquillité, et c'est ainsi que les chefs, devenus héréditaires, s'accoutumèrent à regarder leur magistrature comme un bien de famille, à se regarder eux-mêmes comme les propriétaires de l'État, dont ils n'étaient d'abord que les officiers ; à appeler leurs concitoyens leurs esclaves, à les compter, comme du bétail, au nombre des choses qui leur appartenaient, et à s'appeler eux-mêmes égaux aux dieux, et rois des rois.

Si nous suivons le progrès de l'inégalité dans ces différentes révolutions, nous trouverons que l'établissement de la loi et du droit de propriété fut son premier terme, l'institution de la magistrature le second, que le troisième et dernier fut le changement du pouvoir légitime en pouvoir arbitraire ; en sorte que l'état de riche et de pauvre fut autorisé par la première époque, celui de puissant et de faible par la seconde, et par la troisième celui de maître et d'esclave, qui est le dernier degré de l'inégalité et le terme auquel aboutissent enfin tous les autres, jusqu'à ce que de nouvelles révolutions dissolvent tout à fait le gouvernement, ou le rapprochent de l'institution légitime.

Pour comprendre la nécessité de ce progrès, il faut moins considérer les motifs de l'établissement du corps politique que la forme qu'il prend dans son exécution et les inconvénients qu'il entraîne après lui ; car les vices qui rendent nécessaires les institutions sociales sont les mêmes qui en rendent l'abus inévitable ; et comme, excepté la seule Sparte, où la loi veillait principalement à l'éducation des enfants, et où Lycurgue établit des mœurs qui le dispensaient presque d'y ajouter des lois, les lois, en général moins fortes que les passions, contiennent les hommes sans les changer ; il serait aisé de prouver que tout gouvernement qui, sans se corrompre ni s'altérer, marcherait toujours exactement selon la fin de son institution, aurait été institué sans nécessité, et qu'un pays où personne n'éluderait les lois et n'abuserait de la magistrature, n'aurait besoin ni de magistrats ni de lois.

Les distinctions politiques amènent nécessairement les distinctions civiles. L'inégalité, croissant entre le peuple et ses chefs, se fait bientôt sentir parmi les particuliers, et s'y modifie en mille manières, selon les passions, les talents et les occurrences. Le magistrat ne saurait usurper un pouvoir illégitime sans se faire des créatures auxquelles il est forcé d'en céder quelque partie. D'ailleurs, les citoyens ne se laissent opprimer qu'autant qu'entraînés par une aveugle ambition, et regardant plus au-dessous qu'au-dessus d'eux, la domination leur devient plus chère que l'indépendance, et qu'ils consentent à porter des fers pour en pouvoir donner à leur tour.

Il est très difficile de réduire à l'obéissance celui qui ne cherche point à commander ; et le politique le plus adroit ne viendrait pas à bout d'assujettir des hommes qui ne voudraient qu'être libres. Mais l'inégalité s'étend sans peine parmi des âmes ambitieuses et lâches, toujours prêtes à courir les risques de la fortune, et à dominer ou servir presque indifféremment, selon qu'elle leur devient favorable ou contraire. C'est ainsi qu'il dut venir un temps où les yeux du peuple furent fascinés à tel point que ses conducteurs n'avaient qu'à dire au plus petit des hommes : Sois grand, toi et toute ta race ; aussitôt il paraissait grand à tout le monde ainsi qu'à ses propres yeux, et ses descendants s'élevaient encore à mesure qu'ils s'éloignaient de lui ; plus la cause était reculée et incertaine, plus l'effet augmentait ; plus on pouvait compter de fainéants dans une famille, et plus elle devenait illustre.

Si c'était ici le lieu d'entrer dans des détails, j'expliquerais facilement comment, sans même que le gouvernement s'en mêle, l'inégalité de crédit et d'autorité devient inévitable entre les particuliers (10), sitôt que, réunis en une même société, ils sont forcés de se comparer entre eux, et de tenir compte des différences qu'ils trouvent dans l'usage continuel qu'ils ont à faire les uns des autres. Ces différences sont de plusieurs espèces. Mais, en général, la richesse, la noblesse ou le rang, la puissance et le mérite personnel, étant les distinctions principales par lesquelles on se mesure dans la société, je prouverais que l'accord ou le conflit de ces forces diverses est l'indication la plus sûre d'un État bien ou mal constitué : je ferais voir qu'entre ces quatre sortes d'inégalité, les qualités personnelles étant l'origine de toutes les autres, la richesse est la dernière à laquelle elles se réduisent à la fin, parce que, étant la plus immédiatement utile au bien-être et la plus facile à communiquer, on s'en sert aisément pour acheter tout le reste ; observation qui peut faire juger assez exactement de la mesure dont chaque peuple s'est éloigné de son institution primitive, et du chemin qu'il a fait vers le terme extrême de la corruption. Je remarquerais combien ce désir universel de réputation, d'honneurs et de préférences, qui nous dévore tous, exerce et compare les talents et les forces ; combien il excite et multiplie les passions, et combien, rendant tous les hommes concurrents, rivaux ou plutôt ennemis, il cause tous les jours de revers, de succès et de catastrophes de toute espèce, en faisant courir la même lice à tant de prétendants. Je montrerais que c'est à cette ardeur de faire parler de soi, à cette fureur de se distinguer qui nous tient presque toujours hors de nous-mêmes, que nous devons ce qu'il y a de meilleur et de pire parmi les hommes, nos vertus et nos vices, nos sciences et nos erreurs, nos conquérants et nos philosophes, c'est-à-dire, une multitude de mauvaises choses sur un petit nombre de bonnes. Je prouverais enfin que si l'on voit une poignée de puissants et de riches au faîte des grandeurs et de la fortune, tandis que la foule rampe dans l'obscurité et dans la misère, c'est que les premiers n'estiment les choses dont ils jouissent qu'autant que les autres en sont privés, et que, sans changer d'état, ils cesseraient d'être heureux si le peuple cessait d'être misérable.

Mais ces détails seraient seuls la matière d'un ouvrage considérable, dans lequel on pèserait les avantages ou les inconvénients de tout gouvernement relativement aux droits de l'état de nature, et où l'on dévoilerait toutes les faces différentes sous lesquelles l'inégalité s'est montrée jusqu'à ce jour, et pourra se montrer dans les siècles futurs, selon la nature de ces gouvernements et les révolutions que le temps y amènera nécessairement. On verrait la multitude opprimée au-dedans par une suite des précautions mêmes qu'elle avait prises contre ce qui la menaçait au dehors ; on verrait l'oppression s'accroître continuellement sans que les opprimés pussent jamais savoir quel terme elle aurait, ni quels moyens légitimes il leur resterait pour l'arrêter ; on verrait les droits des citoyens et les libertés nationales s'éteindre peu à peu, et les réclamations des faibles traitées de murmures séditieux ; on verrait la politique restreindre à une portion mercenaire du peuple l'honneur de défendre la cause commune ; on verrait de là sortir la nécessité des impôts, le cultivateur découragé quitter son champ, même durant la paix, et laisser la charrue pour ceindre l'épée ; on verrait naître les règles funestes et bizarres du point d'honneur ; on verrait les défenseurs de la patrie en devenir tôt ou tard les ennemis, tenir sans cesse le poignard levé sur leurs concitoyens ; et il viendrait un temps où on les entendrait dire l'oppresseur de leur pays :

Pectore si fratris gladium juguloque parentis
Condere me jubeas, gravidæque in viscera a partu
Conjugis, invita peragam tamen omnia dextra.

De l'extrême inégalité des conditions et des fortunes, de la diversité des passions et des talents, des arts inutiles, des arts pernicieux, des sciences frivoles, sortiraient des foules de préjugés, également contraires à la raison, au bonheur et à la vertu. On verrait fomenter par les chefs, tout ce qui peut affaiblir des hommes rassemblés en les désunissant, tout ce qui peut donner à la société un air de concorde apparente et y semer un germe de division réelle, tout ce qui peut inspirer aux différents ordres une défiance et une haine mutuelle par l'opposition de leurs droits et de leurs intérêts, et fortifier par conséquent le pouvoir qui les contient tous.

C'est du sein de ce désordre et de ces révolutions que le despotisme, élevant par degrés sa tête hideuse, et dévorant tout ce qu'il aurait aperçu de bon et de sain dans toutes les parties de l'État, parviendrait enfin à fouler aux pieds les lois et le peuple, et à s'établir sur les ruines de la république. Les temps qui précéderaient ce dernier changement seraient des temps de troubles et de calamités ; mais à la fin tout serait englouti par le monstre, et les peuples n'auraient plus de chefs ni de lois, mais seulement des tyrans. Dès cet instant aussi, il cesserait d'être question de mœurs et de vertu : car partout où règne le despotisme, *cui ex honesto nulla est spes,* il ne souffre aucun maître ; sitôt qu'il parle, il n'y a ni probité ni devoir à consulter, et la plus aveugle obéissance est la seule vertu qui reste aux esclaves.

C'est ici le dernier terme de l'inégalité, et le point extrême qui ferme le cercle et touche au point d'où nous sommes partis ; c'est ici que tous les particuliers redeviennent égaux, parce qu'ils ne sont rien, et que les sujets n'ayant plus d'autre loi que la volonté du maître, ni le maître d'autre règle que ses passions, les notions du bien et les principes de la justice s'évanouissent derechef ; c'est ici que tout se ramène à la seule loi du plus fort, et par conséquent à un nouvel état de nature différent de celui par lequel nous avons commencé, en ce que l'un était l'état de nature dans sa pureté, et que ce dernier est le fruit d'un excès de corruption. Il y a si peu de différence d'ailleurs entre ces deux états, et le contrat de gouvernement est tellement dissous par le despotisme, que le despote n'est le maître qu'aussi longtemps qu'il est le plus fort, et que sitôt qu'on peut l'expulser, il n'a point à réclamer contre la violence. L'émeute qui finit par étrangler ou détrôner un sultan est un acte aussi juridique que ceux par lesquels il disposait la veille des vies et des biens de ses sujets. La seule force le maintenait, la seule force le renverse : toutes choses se passent ainsi selon l'ordre naturel ; et, quel que puisse être l'évènement de ces courtes et fréquentes révolutions, nul ne peut se plaindre de l'injustice d'autrui, mais seulement de sa propre imprudence ou de son malheur.

En découvrant et suivant ainsi les routes oubliées et perdues qui de l'état naturel ont dû mener l'homme à l'état civil, en rétablissant, avec les positions intermédiaires que je viens de marquer, celles que le temps qui me presse m'a fait supprimer, ou que l'imagination ne m'a point suggérées, tout lecteur attentif ne pourra qu'être frappé de l'espace immense qui sépare ces deux états. C'est dans cette lente succession des choses qu'il verra la solution d'une infinité de problèmes de morale et de politique que des philosophes ne peuvent résoudre. Il sentira que, le genre humain d'un âge n'étant pas le genre humain d'un autre âge, la raison pourquoi Diogène ne trouvait point d'homme, c'est qu'il cherchait parmi ses contemporains l'homme d'un temps qui n'était plus. Caton, dira-t-il, périt avec Rome et la liberté, parce qu'il fut déplacé dans son siècle ; et le plus grand des hommes ne fit qu'étonner le monde qu'il eût gouverné cinq cents ans plus tôt. En un mot, il expliquera comment l'âme et les passions humaines, s'altérant insensiblement, changent pour ainsi dire de nature ; pourquoi nos besoins et nos plaisirs changent d'objets à la longue ; pourquoi, l'homme originel s'évanouissant par degrés, la société n'offre plus aux yeux du sage qu'un assemblage d'hommes artificiels et de passions factices qui sont l'ouvrage de toutes ces nouvelles relations, et n'ont aucun vrai fondement dans la nature. Ce que la réflexion nous apprend là-dessus, l'observation le confirme parfaitement : l'homme sauvage et l'homme policé diffèrent tellement par le fond du cœur et des inclinations, que ce qui fait le bonheur suprême de l'un réduirait l'autre au désespoir. Le premier ne respire que le repos et la liberté ; il ne veut que vivre et rester oisif, et l'ataraxie même du stoïcien n'approche pas de sa profonde indifférence pour tout autre objet. Au contraire, le citoyen, toujours actif, sue, s'agite, se tourmente sans cesse pour chercher des occupations encore plus laborieuses ; il travaille jusqu'à la mort, il y court même pour se mettre en état de vivre, ou renonce à la vie pour acquérir l'immortalité : il fait sa cour aux grands qu'il hait, et aux riches qu'il méprise ; il n'épargne rien pour obtenir l'honneur de les servir ; il se vante orgueilleusement de sa bassesse et de leur protection ; et, fier de son esclavage, il parle avec dédain de ceux qui n'ont pas l'honneur de le partager. Quel spectacle pour un Caraïbe que les travaux pénibles et enviés d'un ministre européen ! Combien de morts cruelles ne préférerait pas cet indolent sauvage à l'horreur d'une pareille vie, qui souvent n'est pas même adoucie par le plaisir de bien faire ! Mais, pour voir le but de tant de soins, il faudrait que ces mots, *puissance* et *réputation*, eussent un sens dans son esprit ; qu'il apprît qu'il y a une sorte d'hommes qui comptent pour quelque chose les regards du reste de l'univers, qui savent être heureux et contents d'eux-mêmes sur le témoignage d'autrui plutôt que sur le leur propre. Telle est, en effet, la véritable cause de toutes ces différences : le sauvage vit en lui-même ; l'homme sociable, toujours hors de lui, ne sait vivre que dans l'opinion des autres, et c'est pour ainsi dire de leur seul jugement qu'il tire le sentiment de sa propre existence. Il n'est pas de mon sujet de montrer comment d'une telle disposition naît tant d'indifférence pour le bien et le mal, avec de si beaux discours de morale ; comment tout se réduisant aux apparences, tout devient factice et joué, honneur, amitié, vertu, et souvent jusqu'aux vices mêmes, dont on trouve enfin le secret de se glorifier ; comment, en un mot, demandant toujours aux autres ce que nous sommes, et n'osant jamais nous interroger là-dessus nous-mêmes, au milieu de tant de philosophie, d'humanité, de politesse et de maximes sublimes, nous n'avons qu'un extérieur trompeur et frivole, de l'honneur sans vertu, de la raison sans sagesse et du plaisir sans bonheur. Il me suffit d'avoir prouvé que ce n'est point là l'état originel de l'homme, et que c'est le seul esprit de la société et l'inégalité qu'elle engendre, qui changent et altèrent ainsi toutes nos inclinations naturelles.

J'ai tâché d'exposer l'origine et le progrès de l'inégalité, l'établissement et l'abus des sociétés politiques, autant que ces choses peuvent se déduire de la nature de l'homme par les seules lumières de la raison, et indépendamment des dogmes sacrés qui donnent à l'autorité souveraine la sanction du droit divin. Il suit de cet exposé que l'inégalité, étant presque nulle dans l'état de nature, tire sa force et son accroissement du développement de nos facultés et des progrès de l'esprit humain, et devient enfin stable et légitime par l'établissement de la propriété et des lois. Il suit encore que l'inégalité morale, autorisée par le seul droit positif, est contraire au droit naturel, toutes les fois qu'elle ne concourt pas en même proportion avec l'inégalité physique ; distinction qui détermine suffisamment ce qu'on doit penser à cet égard de la sorte d'inégalité qui règne parmi tous les peuples policés, puisqu'il est manifestement contre la loi de nature, de quelque manière qu'on la définisse, qu'un enfant commande à un vieillard, qu'un imbécile conduise un homme sage, et qu'une poignée de gens regorge de superfluités, tandis que la multitude affamée manque du nécessaire.

Notes

(1) Hérodote raconte qu'après le meurtre du faux Smerdis, les sept libérateurs de la Perse s'étant assemblés pour délibérer sur la forme du gouvernement qu'ils donneraient à l'État, Otanès opina fortement pour la république ; avis d'autant plus extraordinaire dans la bouche d'un satrape, qu'outre la prétention qu'il pouvait avoir à l'empire, les grands craignent plus que la mort une sorte de gouvernement qui les force à respecter les hommes. Otanès, comme on peut bien croire, ne fut point écouté ; et voyant qu'on allait procéder à l'élection d'un monarque, lui, qui ne voulait ni obéir ni commander, céda volontairement aux autres concurrents son droit à la couronne, demandant pour tout dédommagement d'être libre et indépendant, lui et sa postérité : ce qui lui fut accordé. Quand Hérodote ne nous apprendrait pas la restriction qui fut mise à ce privilège, il faudrait nécessairement la supposer ; autrement Otanès, ne reconnaissant aucune sorte de loi, et n'ayant de compte à rendre à personne, aurait été tout puissant dans l'État, et plus puissant que le roi même. Mais il n'y avait guère d'apparence qu'un homme capable de se contenter, en pareil cas, d'un tel privilège, fût capable d'en abuser. En effet, on ne voit pas que ce droit ait jamais causé le moindre trouble dans le royaume, ni par le sage Otanès, ni par aucun de ses descendants.

(2) Dès mon premier pas, je m'appuie avec confiance sur une de ces autorités respectables pour les philosophes, parce qu'elles viennent d'une raison solide et sublime, qu'eux seuls savent trouver et sentir.

« Quelque intérêt que nous ayons à nous connaître nous-mêmes, je ne sais si nous ne connaissons pas mieux tout ce qui n'est pas nous. Pourvus par la nature d'organes uniquement destinés à notre conservation, nous ne les employons qu'à recevoir les impressions étrangères ; nous ne cherchons qu'à nous répandre au dehors, et à exister hors de nous : trop occupés à multiplier les fonctions de nos sens et à augmenter l'étendue extérieure de notre être, rarement faisons-nous usage de ce sens intérieur qui nous réduit à nos vraies dimensions, et qui sépare de nous tout ce qui n'en est pas. C'est cependant de ce sens dont il faut nous servir si nous voulons nous connaître, c'est le seul par lequel nous puissions nous juger. Mais comment donner à ce sens son activité et toute son étendue ? Comment dégager notre âme, dans laquelle il réside, de toutes les illusions de notre esprit ? Nous avons perdu l'habitude de l'employer ; elle est demeurée sans exercice au milieu du tumulte de nos sensations corporelles ; elle s'est desséchée par le feu de nos passions : le cœur, l'esprit, les sens, tout a travaillé contre elle. » (Hist., nat., *De la nature de l'homme.*)

(3) Les changements qu'un long usage de marcher sur deux pieds a pu produire dans la conformation de l'homme, les rapports qu'on observe encore entre ses bras et les jambes antérieures des quadrupèdes, et l'induction tirée de leur manière de marcher, ont pu faire naître des doutes sur celle qui devait nous être la plus naturelle. Tous les enfants commencent par marcher à quatre pieds, et ont besoin de notre exemple et de nos leçons pour apprendre à se tenir debout. Il y a même des nations sauvages, telles que les Hottentots, qui, négligeant beaucoup les enfants, les laissent marcher sur les mains si longtemps, qu'ils ont ensuite bien de la peine à les redresser ; autant en font les enfants des Caraïbes des Antilles. Il y a divers exemples d'hommes quadrupèdes, et je pourrais, entre autres, citer celui de cet enfant qui fut trouvé, en 1344, auprès de Hesse, où il avait été nourri par des loups, et qui disait depuis, à la cour du prince Henri, que s'il n'eût tenu qu'à lui, il eût mieux aimé retourner avec eux que de vivre parmi les hommes. Il avait tellement pris l'habitude de marcher comme ces animaux, qu'il fallut lui attacher des pièces de bois qui le forçaient à se tenir debout et en équilibre sur ses deux pieds. Il en était de même de l'enfant qu'on trouva, en 1694, dans les forêts de Lituanie, et qui vivait parmi les ours. Il ne donnait, dit M. de Condillac, aucune marque de raison, marchait sur ses pieds et sur ses mains, n'avait aucun langage, et formait des sons qui ne ressemblaient en rien à ceux d'un homme. Le petit sauvage d'Hanovre, qu'on mena, il y a plusieurs années, à la cour d'Angleterre, avait toutes les peines du monde à s'assujettir à marcher sur deux pieds ; et l'on trouva, en 1719, deux autres sauvages dans les Pyrénées, qui couraient par les montagnes à la manière des quadrupèdes. Quant à ce qu'on pourrait objecter, que c'est se priver de l'usage des mains dont nous tirons tant d'avantages, outre que l'exemple des singes montre que la main peut fort bien être employée des deux manières, cela prouverait seulement que l'homme peut donner à ses membres une destination plus commode que celle de la nature, et non que la nature a destiné l'homme à marcher autrement qu'elle ne lui enseigne.

Mais il y a, ce me semble, de beaucoup meilleures raisons à dire pour soutenir que l'homme est un bipède. Premièrement, quand on ferait voir qu'il a pu d'abord être conformé autrement que nous ne le voyons, et cependant devenir enfin ce qu'il est, ce n'en serait pas assez pour conclure que cela se soit fait ainsi : car, après avoir montré la possibilité de ces changements, il faudrait encore, avant que de les admettre, en montrer au moins la vraisemblance. De plus, si les bras de l'homme paraissent avoir pu lui servir de jambes au besoin, c'est la seule observation favorable à ce système sur un grand nombre d'autres qui lui sont contraires. Les principales sont, que la manière dont la tête de l'homme est attachée à son corps, au lieu de diriger sa vue horizontalement, comme l'ont tous les autres animaux, et comme il l'a lui-même en marchant debout, lui eût tenu, marchant à quatre pieds, les yeux directement fixés vers la terre, situation très peu favorable à la conservation de l'individu ; que la queue qui lui manque, et dont il n'a que faire en marchant à deux pieds, est utile aux quadrupèdes, et qu'aucun d'eux n'en est privé ; que le sein de la femme, très bien situé pour un bipède, qui tient son enfant dans ses bras, l'est si mal pour un quadrupède, que nul ne l'a placé de cette manière ; que le train de derrière étant d'une excessive hauteur à proportion des jambes de devant, ce qui fait que marchant à quatre pieds, nous nous traînons sur les genoux, le tout eût fait un animal mal proportionné et marchant peu commodément ; que s'il eut posé le pied plat ainsi que la main, il aurait eu dans la jambe postérieure une articulation de moins que les autres animaux, savoir, celle qui joint le canon au tibia ; et qu'en ne posant que la pointe du pied, comme il aurait sans doute été contraint de le faire, le tarse, sans parler de la pluralité des os qui le composent, paraît trop gros pour tenir lieu de canon, et ses articulations avec le métatarse et le tibia trop rapprochées pour donner à la jambe humaine, dans cette situation, la même flexibilité qu'ont les quadrupèdes. L'exemple des enfants, étant pris dans un âge où les forces naturelles ne sont point encore développées ni les membres raffermis, ne conclut rien du tout ; et j'aimerais autant dire que les chiens ne sont pas destinés à marcher, parce qu'ils ne font que ramper quelques semaines après leur naissance. Les faits particuliers ont encore peu de force contre la pratique universelle des hommes, même des nations qui, n'ayant aucune communication avec les autres, n'avait pu rien imiter d'elles. Un enfant abandonné dans une forêt avant que de pouvoir marcher, et nourri par quelque bête, aura suivi l'exemple de sa nourrice, en s'exerçant à marcher comme elle ; l'habitude aura pu lui donner les facilités qu'il ne tenait point de la nature ; et comme des manchots parviennent, à force d'exercice, à faire avec leurs pieds tout ce que nous faisons de nos mains, il sera parvenu enfin à employer ses mains à l'usage des pieds.

(4) S'il se trouvait parmi mes lecteurs quelque assez mauvais physicien pour me faire des difficultés sur la supposition de cette fertilité naturelle de la terre, je vais lui répondre par le passage suivant :

« Comme les végétaux tirent pour leur nourriture beaucoup plus de substance de l'air et de l'eau qu'ils n'en tirent de la terre, il arrive qu'en pourrissant ils rendent à la terre plus qu'ils n'en ont tiré ; d'ailleurs une forêt détermine les eaux de la pluie en arrêtant les vapeurs. Ainsi, dans un bois que l'on conserverait bien longtemps sans y toucher, la couche de terre qui sert à la végétation augmenterait considérablement ; mais les animaux rendant moins à la terre qu'ils n'en tirent, et les hommes faisant des consommations énormes de bois et de plantes pour le feu et pour d'autres usages, il s'ensuit que la couche de terre végétale d'un pays habité doit toujours diminuer et devenir enfin comme le terrain de l'Arabie Pétrée, et comme celui de tant d'autres provinces de l'Orient, qui est en effet le climat le plus anciennement habité, où l'on ne trouve que du sel et des sables : car le sel fixe des plantes et des animaux reste, tandis que toutes les autres parties se volatilisent. « (Hist. nat., *Preuves de la théorie de la terre*, art. 7).

On peut ajouter à cela la preuve de fait par la quantité d'arbres et de plantes de toute espèce dont étaient remplies presque toutes les îles désertes qui ont été découvertes dans ces derniers siècles et par ce que l'histoire nous apprend des forêts immenses qu'il a fallu abattre par toute la terre à mesure qu'elle s'est peuplée ou policée. Sur quoi je ferai encore les trois remarques suivantes : l'une, que s'il y a une sorte de végétaux qui puissent compenser la déperdition de matière végétale qui se fait par les animaux, selon le raisonnement de M. de Buffon, ce sont surtout les bois, dont les têtes et les feuilles rassemblent et s'approprient plus d'eaux et de vapeurs que ne font les autres plantes ; la seconde, que la destruction du sol, c'est-à-dire la perte de la substance propre à la végétation, doit s'accélérer à proportion que la terre est plus cultivée, et que les habitants plus industrieux consomment en plus grande abondance ses productions de toute espèce. Ma troisième et plus importante remarque est que les fruits des arbres fournissent à l'animal une nourriture plus abondante que ne peuvent faire les autres végétaux ; expérience que j'ai faite moi-même en comparant les produits de deux terrains égaux en grandeur et en qualité, l'un couvert de châtaigniers, et l'autre semé de blé.

(5) Parmi les quadrupèdes, les deux distinctions les plus universelles des espèces voraces se tirent, l'une de la figure des dents, et l'autre de la conformation des intestins. Les animaux qui ne vivent que de végétaux ont tous les dents plates, comme le cheval, le bœuf, le mouton, le lièvre ; mais les voraces les ont pointues, comme le chat, le chien, le loup, le renard. Et quant aux intestins, les frugivores en ont quelques-uns, tels que le colon, qui ne se trouvent pas dans les animaux voraces. Il semble donc que l'homme, ayant les dents et les intestins comme les ont les animaux frugivores, devrait naturellement être rangé dans cette classe ; et non seulement les observations anatomiques confirment cette opinion, mais les monuments de l'antiquité y sont encore très favorables. « Dicéarque, dit saint Jérôme, rapporte dans ses livres des Antiquités grecques que, sous le règne de Saturne, où la terre était encore fertile par elle-même, nul homme ne mangeait de chair, mais que tous vivaient des fruits et des légumes qui croissaient naturellement. » (Lib. II, *adv. Jovinian.*) Cette opinion se peut encore appuyer sur les relations de plusieurs voyageurs modernes, François Corréal témoigne, entre autres, que

la plupart des habitants des Lucayes que les Espagnols transportèrent aux îles de Cuba, de Saint-Domingue et ailleurs, moururent pour avoir mangé de la chair. On peut voir par là que je néglige bien des avantages que je pourrais faire valoir. Car la proie étant presque l'unique sujet de combat entre les animaux carnassiers, et les frugivores vivant entre eux dans une paix continuelle, si l'espèce humaine était de ce dernier genre, il est clair qu'elle aurait eu beaucoup plus de facilité à subsister dans l'état de nature, beaucoup moins de besoins et d'occasions d'en sortir.

(6) Toutes les connaissances qui demandent de la réflexion, toutes celles qui ne s'acquièrent que par l'enchaînement des idées et ne se perfectionnent que successivement, semblent être tout à fait hors de la portée de l'homme sauvage, faute de communication avec ses semblables, c'est-à-dire faute de l'instrument qui sert à cette communication, et des besoins qui la rendent nécessaire. Son savoir et son industrie se bornent à sauter, courir, se battre, lancer une pierre, escalader un arbre. Mais s'il ne sait que ces choses, en revanche il les sait beaucoup mieux que nous, qui n'en avons pas le même besoin que lui ; et comme elles dépendent uniquement de l'exercice du corps, et ne sont susceptibles d'aucune communication ni d'aucun progrès d'un individu à l'autre, le premier homme a pu y être tout aussi habile que ses derniers descendants.

Les relations des voyageurs sont pleines d'exemples de la force et de la vigueur des hommes chez les nations barbares et sauvages ; elles ne vantent guère moins leur adresse et leur légèreté ; et comme il ne faut que des yeux pour observer ces choses, rien n'empêche qu'on n'ajoute foi à ce que certifient là-dessus des témoins oculaires ; j'en tire au hasard quelques exemples des premiers livres qui me tombent sous la main.

Les Hottentots, dit Kolben, entendent mieux la pêche que les Européens du Cap. Leur habileté est égale au filet, à l'hameçon et au dard, dans les anses comme dans les rivières. Ils ne prennent pas moins habilement le poisson avec la main. Ils sont d'une adresse incomparable à la nage. Leur manière de nager a quelque chose de surprenant, et qui leur est tout à fait propre. Ils nagent le corps droit et les mains étendues hors de l'eau, de sorte qu'ils paraissent marcher sur la terre. Dans la plus grande agitation de la mer, et lorsque les flots forment autant de montagnes, ils dansent en quelque sorte sur le dos des vagues, montant et descendant comme un morceau de liège.

« Les Hottentots, dit encore le même auteur, sont d'une adresse surprenante à la chasse, et la légèreté de leur course passe l'imagination. Il s'étonne qu'ils ne fassent pas plus souvent un mauvais usage de leur agilité, ce qui leur arrive pourtant quelquefois, comme on peut juger par l'exemple qu'il en donne. » Un matelot hollandais en débarquant au Cap, chargea, dit-il, un Hottentot de le suivre à la ville avec un rouleau de tabac d'environ vingt livres. Lorsqu'ils furent tous deux à quelque distance de la troupe, le Hottentot demanda au matelot s'il savait courir. – Courir ? répond le Hollandais ; oui, fort bien. – Voyons, reprit l'Africain ; et, fuyant avec le tabac, il disparut presque aussitôt. Le matelot, confondu de cette merveilleuse vitesse, ne pensa pas à le poursuivre, et ne revit jamais ni son tabac ni son porteur.

« Ils ont la vue si prompte et la main si certaine, que les Européens n'en approchent point. À cent pas ils toucheront d'un coup de pierre une marque de la grandeur d'un demi-sou ; et ce qu'il y a de plus étonnant, c'est qu'au lieu de fixer comme nous les yeux sur le but, ils font des mouvements et des contorsions continuels. Il semble que leur pierre soit portée par une main invisible. »

Le P. du Tertre dit à peu près, sur les sauvages des Antilles, les mêmes choses qu'on vient de dire sur les Hottentots du Cap de Bonne-Espérance. Il vante surtout leur justesse à tirer avec leurs flèches les oiseaux au vol et les poissons à la nage, qu'ils prennent ensuite en plongeant. Les sauvages de l'Amérique septentrionale ne sont pas moins célèbres par leur force et leur adresse ; et voici un exemple qui pourra faire juger de celle des Indiens de l'Amérique méridionale :

En l'année 1746, un Indien de Buenos Aires ayant été condamné aux galères à Cadix, proposa au gouverneur de racheter sa liberté en exposant sa vie dans une fête publique. Il promit qu'il attaquerait seul le plus furieux taureau, sans autre arme en main qu'une corde ; qu'il le terrasserait, qu'il le saisirait avec sa corde par telle partie qu'on indiquerait, qu'il le sellerait, le briderait, le monterait et combattrait, ainsi monté, deux autres taureaux des plus furieux qu'on ferait sortir du Torillo et qu'il les mettrait tous à mort l'un après l'autre dans l'instant qu'on le lui commanderait et sans le secours de personne, ce qui lui fut accordé. L'Indien tint parole et réussit dans tout ce qu'il avait promis. Sur la manière dont il s'y prit et sur tout le détail du combat, on peut consulter le premier tome in-12 des *Observations sur l'Histoire naturelle*, de M. Gautier, d'où ce fait est tiré.

(7) « La durée de la vie des chevaux, dit M. de Buffon, est, comme dans toutes les autres espèces d'animaux, proportionnée à la durée du temps de leur accroissement. L'homme, qui est quatorze ans à croître, peut vivre six ou sept fois autant de temps, c'est-à-dire quatre-vingt-dix ou cent ans ; le cheval, dont l'accroissement se fait en quatre ans, peut vivre six ou sept fois autant, c'est-à-dire vingt-cinq ou trente ans. Les exemples qui pourraient être contraires à cette règle sont si rares, qu'on ne doit pas même les regarder comme une exception dont on puisse tirer des conséquences ; et, comme les gros chevaux prennent leur accroissement en moins de temps que les

chevaux fins, ils vivent aussi moins de temps, et sont vieux dès l'âge de quinze ans. « Hist. Nat *du Cheval*.)

(8) Je crois voir entre les animaux carnassiers et les frugivores une autre différence encore plus générale que celle que j'ai remarquée dans la note 5, puisque celle-ci s'étend jusqu'aux oiseaux. Cette différence consiste dans le nombre des petits, qui n'excède jamais deux à chaque portée pour les espèces qui ne vivent que de végétaux, et qui va ordinairement au-delà de ce nombre pour les animaux voraces. Il est aisé de connaître, à cet égard, la destination de la nature par le nombre des mamelles, qui n'est que de deux dans chaque femelle de la première espèce, comme la jument, la vache, la chèvre, la biche, la brebis, etc., et qui est toujours de six ou de huit dans les autres femelles, comme la chienne, la chatte, la louve, la tigresse, etc. La poule, l'oie, la cane, qui sont toutes des oiseaux voraces, ainsi que l'aigle, l'épervier, la chouette, pondent aussi et couvent un grand nombre d'œufs, ce qui n'arrive jamais à la colombe, à la tourterelle, ni aux oiseaux qui ne mangent absolument que du grain, lesquels ne pondent et ne couvent guère que deux œufs à la fois. La raison qu'on peut donner de cette différence est que les animaux qui ne vivent que d'herbes et de plantes, demeurant presque tout le jour à la pâture et étant forcés d'employer beaucoup de temps à se nourrir, ne pourraient suffire à allaiter plusieurs petits, au lieu que les voraces, faisant leur repas presque en un instant, peuvent plus aisément et plus souvent retourner à leurs petits et à leur chasse, et réparer la dissipation d'une si grande quantité de lait. Il y aurait à tout ceci bien des observations particulières et des réflexions à faire ; mais ce n'en est pas ici le lieu, et il me suffit d'avoir montré dans cette partie le système le plus général de la nature, système qui fournit une nouvelle raison de tirer l'homme de la classe des animaux carnassiers et de le ranger parmi les espèces frugivores.

(9) Un auteur célèbre, calculant les biens et les maux de la vie humaine, et comparant les deux sommes, a trouvé que la dernière surpassait l'autre de beaucoup, et qu'à tout prendre la vie était pour l'homme un assez mauvais présent. Je ne suis point surpris de sa conclusion ; il a tiré tous ses raisonnements de la constitution de l'homme civil : s'il fût remonté jusqu'à l'homme naturel, on peut juger qu'il eût trouvé des résultats très différents, qu'il eût aperçu que l'homme n'a guère de maux que ceux qu'il s'est donnés lui-même, et que la nature eût été justifiée. Ce n'est pas sans peine que nous sommes parvenus à nous rendre si malheureux. Quand d'un côté l'on considère les immenses travaux des hommes, tant de sciences approfondies, tant d'arts inventés, tant de forces employées, des abîmes comblés, des montagnes rasées, des rochers brisés, des fleuves rendus navigables, des terres défrichées, des lacs creusés, des marais desséchés, des bâtiments énormes élevés sur la terre, la mer couverte de vaisseaux et de matelots, et

que de l'autre on recherche avec un peu de méditation les vrais avantages qui ont résulté de tout cela pour le bonheur de l'espèce humaine, on ne peut qu'être frappé de l'étonnante disproportion qui règne entre ces choses, et déplorer l'aveuglement de l'homme, qui, pour nourrir son fol orgueil et je ne sais quelle vaine admiration de lui-même, le fait courir avec ardeur après toutes les misères dont il est susceptible, et que la bienfaisante nature avait pris soin d'écarter de lui.

Les hommes sont méchants, une triste et continuelle expérience dispense de la preuve ; cependant l'homme est naturellement bon, je crois l'avoir démontré : qu'est-ce donc qui peut l'avoir dépravé à ce point, sinon les changements survenus dans sa constitution, les progrès qu'il a faits et les connaissances qu'il a acquises ? Qu'on admire tant qu'on voudra la société humaine, il n'en sera pas moins vrai qu'elle porte nécessairement les hommes à s'entre-haïr à proportion que leurs intérêts se croisent, à se rendre mutuellement des services apparents, et à se faire en effet tous les maux imaginables. Que peut-on penser d'un commerce où la raison de chaque particulier lui dicte des maximes directement contraires à celles que la raison publique prêche au corps de la société, et où chacun trouve son compte dans le malheur d'autrui ? Il n'y a peut-être pas un homme aisé à qui des héritiers avides et souvent ses propres enfants, ne souhaitent la mort en secret ; pas un vaisseau en mer dont le naufrage ne fût une bonne nouvelle pour quelque négociant, pas une maison qu'un débiteur de mauvaise foi ne voulût voir brûler avec tous les papiers qu'elle contient, pas un peuple qui ne se réjouisse des désastres de ses voisins. C'est ainsi que nous trouvons notre avantage dans le préjudice de nos semblables, et que la perte de l'un fait presque toujours la prospérité de l'autre. Mais ce qu'il y a de plus dangereux encore, c'est que les calamités publiques font l'attente et l'espoir d'une multitude de particuliers : les uns veulent des maladies, d'autres la mortalité, d'autres la guerre, d'autres la famine. J'ai vu des hommes affreux pleurer de douleur aux apparences d'une année fertile ; et le grand et funeste incendie de Londres, qui coûta la vie ou les biens à tant de malheureux, fit peut-être la fortune à plus de dix mille personnes. Je sais que Montaigne blâme l'Athénien Démades d'avoir fait punir un ouvrier qui, vendant fort cher des cercueils, gagnait beaucoup à la mort des citoyens ; mais la raison que Montaigne allègue étant qu'il faudrait punir tout le monde, il est évident qu'elle confirme les miennes. Qu'on pénètre donc, au travers de nos frivoles démonstrations de bienveillance, ce qui se passe au fond des cœurs et qu'on réfléchisse à ce que doit être un état de choses où tous les hommes sont forcés de se caresser et de se détruire mutuellement, et où ils naissent ennemis par devoir et fourbes par intérêt. Si l'on me répond que la société est tellement constituée que chaque homme gagne à servir les autres, je répliquerai que cela serait fort bien s'il ne gagnait encore plus à leur nuire. Il n'y a point de profit si légitime qui ne soit surpassé par celui qu'on peut faire illégitimement, et le tort fait au prochain est toujours plus lucratif que les services. Il ne s'agit donc plus que de trouver les moyens de s'assurer l'impunité, et c'est à quoi les puissants emploient toutes leurs forces, et les faibles toutes leurs ruses.

L'homme sauvage, quand il a dîné, est en paix avec toute la nature, et l'ami de tous ses semblables. S'agit-il quelquefois de disputer son repas ? il n'en vient jamais aux coups sans avoir auparavant comparé la difficulté de vaincre avec celle, de trouver ailleurs sa subsistance ; et comme l'orgueil ne se mêle pas du combat, il se termine par quelques coups de poing ; le vainqueur mange, le vaincu va chercher fortune, et tout est pacifié. Mais chez l'homme en société ce sont bien d'autres affaires : il s'agit premièrement de pourvoir au nécessaire, et puis au superflu ; ensuite viennent les délices, et puis des immenses richesses, et puis des sujets, et puis des esclaves ; il n'a pas un moment de relâche : ce qu'il y a de plus singulier, c'est que moins les besoins sont naturels et pressants, plus les passions augmentent, et, qui pis est, le pouvoir de les satisfaire ; de sorte qu'après de longues prospérités, après avoir englouti bien des trésors et désolé bien des hommes, mon héros finira par tout égorger, jusqu'à ce qu'il soit l'unique maître de l'univers. Tel est en abrégé le tableau moral, sinon de la vie humaine, au moins des prétentions secrètes du cœur de tout homme civilisé.

Comparez sans préjugés l'état de l'homme civil avec celui de l'homme sauvage, et recherchez, si vous le pouvez, combien, outre sa méchanceté, ses besoins et ses misères, le premier a ouvert de nouvelles portes à la douleur et à la mort. Si vous considérez les peines d'esprit qui nous consument, les passions violentes qui nous épuisent et nous désolent, les travaux excessifs dont les pauvres sont surchargés, la mollesse encore plus dangereuse à laquelle les riches s'abandonnent, et qui font mourir les uns de leurs besoins et les autres de leurs excès ; si vous songez aux monstrueux mélanges des aliments, à leurs pernicieux assaisonnements, aux denrées corrompues, aux drogues falsifiées, aux friponneries de ceux qui les vendent, aux erreurs de ceux qui les administrent, aux poisons des vaisseaux dans lesquels on les prépare ; si vous faites attention aux maladies épidémiques engendrées par le mauvais air parmi des multitudes d'hommes rassemblés, à celles qu'occasionnent la délicatesse de notre manière de vivre ; les passages alternatifs de l'intérieur de nos maisons au grand air, l'usage des habillements pris ou quittés avec trop peu de précaution, et tous les soins que notre sensualité excessive a tournés en habitudes nécessaires, et dont la négligence ou la privation nous coûte ensuite la vie ou la santé ;

si vous mettez en ligne de compte les incendies et les tremblements de terre qui, consumant ou renversant des villes entières, en font périr les habitants par milliers ; en un mot, si vous réunissez les dangers que toutes ces causes assemblent continuellement sur nos têtes, vous sentirez combien la nature nous fait payer cher le mépris que nous avons fait de ses leçons.

Je ne répéterai point ici sur la guerre ce que j'en ai dit ailleurs ; mais je voudrais que les gens instruits voulussent ou osassent donner une fois au public le détail des horreurs qui se commettent dans les armées par les entrepreneurs de vivres et des hôpitaux : on verrait que leurs manœuvres, non trop secrètes, par lesquelles les plus brillantes armées se fondent en moins de rien, font plus périr de soldats que n'en moissonne le fer ennemi. C'est encore un calcul non moins étonnant que celui des hommes que la mer engloutit tous les ans, soit par la faim, soit par le scorbut, soit par les pirates, soit par le feu, soit par les naufrages. Il est clair qu'il faut mettre aussi sur le compte de la propriété établie, et par conséquent de la société, les assassinats, les empoisonnements, les vols de grands chemins, et les punitions mêmes de ces crimes, punitions nécessaires pour prévenir de plus grands maux, mais qui, pour le meurtre d'un homme, coûtant la vie à deux ou davantage, ne laissent pas de doubler réellement la perte de l'espèce humaine. Combien de moyens honteux d'empêcher la naissance des hommes et de tromper la nature ; soit par ces goûts brutaux et dépravés qui insultent son plus charmant ouvrage, goûts que les sauvages ni les animaux ne connurent jamais, et qui ne sont nés dans les pays policés que d'une imagination corrompue ; soit par ces avortements secrets, dignes fruits de la débauche et de l'honneur vicieux ; soit par l'exposition ou le meurtre d'une multitude d'enfants, victimes de la misère de leurs parents, ou de la honte barbare de leurs mères ; soit enfin par la mutilation de ces malheureux dont une partie de l'existence et toute la postérité sont sacrifiées à de vaines chansons, ou ce qui est pis encore, à la brutale jalousie de quelques hommes : mutilation qui, dans ce dernier cas, outrage doublement la nature, et par le traitement que reçoivent ceux qui la souffrent, et par l'usage auquel ils sont destinés !

Mais, n'est-il pas mille cas plus fréquents et plus dangereux encore, où les droits paternels offensent ouvertement l'humanité ? Combien de talents enfouis et d'inclinations forcées par l'imprudente contrainte des pères ! combien d'hommes se seraient distingués dans un état sortable, qui meurent malheureux et déshonorés dans un autre état pour lequel ils n'avaient aucun goût ! combien de mariages heureux et inégaux ont été rompus ou troublés, et combien de chastes épouses déshonorées par cet ordre des conditions, toujours en contradiction avec celui de la nature ! combien d'autres unions bizarres formées par l'intérêt et désavouées par l'amour et par la raison ! combien même d'époux honnêtes et vertueux font mutuellement leur supplice pour avoir été mal assortis ! combien de jeunes et malheureuses victimes de l'avarice de leurs parents se plongent dans le vice, ou passent leurs tristes jours dans les larmes et gémissent dans des liens indissolubles que le cœur repousse et que l'or seul a formés ! Heureuses quelquefois celles que leur courage et leur vertu même arrachent à la vie avant qu'une violence barbare les force à la passer dans le crime ou dans le désespoir ! Pardonnez-le-moi, père et mère à jamais déplorables : j'aigris à regret vos douleurs : mais puissent-elles servir d'exemple éternel et terrible à quiconque ose, au nom même de la nature, violer le plus sacré de ses droits !

Si je n'ai parlé que de ces nœuds mal formés qui sont l'ouvrage de notre police, pense-t-on que ceux où l'amour et la sympathie ont présidé soient eux-mêmes exempts d'inconvénients. Que serait-ce si j'entreprenais de montrer l'espèce humaine attaquée dans sa source même et jusque dans le plus saint de tous les liens, où l'on n'ose plus écouter la nature qu'après avoir consulté la fortune, et où, le désordre civil confondant les vertus et les vices, la continence devient une précaution criminelle, et le refus de donner la vie à son semblable un acte d'humanité ! Mais, sans déchirer le voile qui couvre tant d'horreurs, contentons-nous d'indiquer le mal auquel d'autres doivent apporter le remède.

Qu'on ajoute à tout cela cette quantité de métiers malsains qui abrègent les jours ou détruisent le tempérament, tels que sont les travaux des mines, les diverses préparations des métaux, des minéraux, surtout du plomb, du cuivre, du mercure, du cobalt, de l'arsenic, du réalgar ; ces autres métiers périlleux qui coûtent tous les jours la vie à quantité d'ouvriers, les uns couvreurs, d'autres charpentiers, d'autres maçons, d'autres travaillant aux carrières ; qu'on réunisse, dis-je, tous ces objets, et l'on pourra voir dans l'établissement et la perfection des sociétés les raisons de la diminution de l'espèce, observée par plus d'un philosophe.

Le luxe, impossible à prévenir chez des hommes avides de leurs propres commodités et de la considération des autres, achève bientôt le mal que les sociétés ont commencé ; et, sous prétexte de faire vivre les pauvres, qu'il n'eût pas fallu faire, il appauvrit tout le reste, et dépeuple l'État tôt ou tard.

Le luxe est un remède beaucoup pire que le mal qu'il prétend guérir ; ou plutôt il est lui-même le pire de tous les maux dans quelque État, grand ou petit, que ce puisse être, et qui, pour nourrir des foules de valets et de misérables qu'il a faits, accable et ruine le laboureur et le citoyen ; semblable à ces vents brillants du midi qui, couvrant l'herbe et la verdure d'insectes dévorants, ôtent la subsistance aux animaux utiles, et portent la disette et la mort dans tous les lieux où ils se font sentir.

De la société et du luxe qu'elle engendre, naissent les arts libéraux et mécaniques, le commerce, les lettres et toutes ces inutilités qui font fleurir l'industrie, enrichissent et perdent les États. La raison de ce dépérissement est très simple. Il est aisé de voir que, par sa nature, l'agriculture doit être le moins lucratif de tous les arts, parce que son produit étant de l'usage le plus indispensable pour tous les hommes, le prix en doit être proportionné aux facultés des plus pauvres. Du même principe on peut tirer cette règle, qu'en général, les arts sont lucratifs en raison inverse de leur utilité, et que les plus nécessaires doivent enfin devenir les plus négligés. Par où l'on voit ce qu'il faut penser des vrais avantages de l'industrie et de l'effet réel qui résulte de ses progrès.

Telles sont les causes sensibles de toutes les misères où l'opulence précipite enfin les nations les plus admirées. À mesure que l'industrie et les arts s'étendent et fleurissent, le cultivateur, méprisé, chargé d'impôts nécessaires à l'entretien du luxe, et condamné à passer sa vie entre le travail et la faim, abandonne ses champs pour aller chercher dans les villes le pain qu'il y devrait porter. Plus les capitales frappent d'admiration les yeux stupides du peuple, plus il faudrait gémir de voir les campagnes abandonnées, les terres en friche, et les grands chemins inondés de malheureux citoyens devenus mendiants ou voleurs, et destinés à finir un jour leur misère sur la roue ou sur un fumier. C'est ainsi que l'État s'enrichissant d'un côté, s'affaiblit et se dépeuple de l'autre, et que les plus puissantes monarchies, après bien des travaux pour se rendre opulentes et désertes, finissent par devenir la proie des nations pauvres, qui succombent à la funeste tentation de les envahir et qui s'enrichissent et s'affaiblissent à leur tour, jusqu'à ce qu'elles soient elles-mêmes envahies et détruites par d'autres.

Qu'on daigne nous expliquer une fois ce qui avait pu produire ces nuées de barbares qui, durant tant de siècles, ont inondé l'Europe, l'Asie et l'Afrique. Était-ce à l'industrie de leurs arts, à la sagesse de leurs lois, à l'excellence de leur police, qu'ils devaient cette prodigieuse population ? Que nos savants veuillent bien nous dire pourquoi, loin de multiplier à ce point, ces hommes féroces et brutaux, sans lumières, sans frein, sans éducation, ne s'entrégorgeaient pas tous à chaque instant pour se disputer leur pâture ou leur chasse : qu'ils nous expliquent comment ces misérables ont eu seulement la hardiesse de regarder en face de si habiles gens que nous étions, avec une si belle discipline militaire, de si beaux codes et de si sages lois ; enfin, pourquoi, depuis que la société s'est perfectionnée dans les pays du Nord, et qu'on y a tant pris de peine pour apprendre aux hommes leurs devoirs mutuels et l'art de vivre agréablement et paisiblement ensemble, on n'en voit plus rien sortir de semblable à ces multitudes d'hommes qu'il produisait autrefois. J'ai bien peur que quelqu'un ne s'avise à la fin de me répondre que toutes ces grandes choses, savoir, les arts, les sciences et les lois, ont été très sagement inventées par les hommes comme une peste salutaire pour prévenir l'excessive multiplication de l'espèce, de peur que ce monde, qui nous est destiné, ne devînt à la fin trop petit pour ses habitants.

Quoi donc ! faut-il détruire les sociétés, anéantir le tien et le mien, et retourner vivre dans les forêts avec les ours ? conséquence à la manière de mes adversaires, que j'aime autant prévenir que de leur laisser la honte de la tirer. Ô vous, à qui la voix céleste ne s'est point fait entendre, et qui ne reconnaissez pour votre espèce d'autre destination que d'achever en paix cette courte vie ; vous qui pouvez laisser au milieu des villes vos funestes acquisitions, vos esprits inquiets ; vos cœurs corrompus et vos désirs effrénés ; reprenez, puisqu'il dépend de vous, votre antique et première innocence ; allez dans les bois perdre la vue et la mémoire des crimes de vos contemporains, et ne craignez point d'avilir votre espèce en renonçant à ses lumières pour renoncer à ses vices. Quant aux hommes semblables à moi, dont les passions ont détruit pour toujours l'originelle simplicité, qui ne peuvent plus se nourrir d'herbes et de glands, ni se passer de lois et de chefs ; ceux qui furent honorés dans leur premier père de leçons surnaturelles ; ceux qui verront, dans l'intention de donner d'abord aux actions humaines une moralité qu'elles n'eussent de longtemps acquise, la raison d'un précepte indifférent par lui-même et inexplicable dans tout autre système ; ceux, en un mot, qui sont convaincus que la voix divine appela tout le genre humain aux lumières et aux bonheurs des célestes intelligences : tous ceux-là tâcheront, par l'exercice des vertus qu'ils s'obligent à pratiquer en apprenant à les connaître, de mériter le prix éternel qu'ils en doivent attendre ; ils respecteront les sacrés liens des sociétés dont ils sont les membres ; ils aimeront leurs semblables et les serviront de tout leur pouvoir ; ils obéiront scrupuleusement aux lois et aux hommes qui en sont les auteurs et les ministres ; ils honoreront surtout les bons et sages princes qui sauront prévenir, guérir ou pallier cette foule d'abus et de maux toujours prêts à nous accabler ; ils animeront le zèle de ces dignes chefs, en leur montrant, sans crainte et sans flatterie, la grandeur de leur tâche et la rigueur de leur devoir : mais ils n'en mépriseront pas moins une constitution qui ne peut se maintenir qu'à l'aide de tant de gens respectables qu'on désire plus souvent qu'on ne les obtient, et de laquelle, malgré tous leurs soins, naissent toujours plus de calamités réelles que d'avantages apparents.

(10) Parmi les hommes que nous connaissons ou par nous-mêmes, ou par les historiens ou par les voyageurs, les uns sont noirs, les autres blancs, les autres rouges ; les uns portent de longs cheveux, les autres n'ont que de la laine frisée ; les uns sont presque tous velus, les autres n'ont pas même de

barbe. Il y a eu, et il y a peut-être encore des nations d'hommes d'une taille gigantesque ; et laissant à part la fable des Pygmées, qui peut bien n'être qu'une exagération, on sait que les Lapons, et surtout les Groenlandais, sont fort au-dessous de la taille moyenne de l'homme. On prétend même qu'il y a des peuples entiers qui ont des queues comme les quadrupèdes. Et, sans ajouter une foi aveugle aux relations d'Hérodote et de Ctésias, on en peut du moins tirer cette opinion très vraisemblable, que si l'on avait pu faire de bonnes observations dans ces temps anciens où les peuples divers suivaient des manières de vivre plus différentes entre elles qu'ils ne font aujourd'hui, on y aurait aussi remarqué, dans la figure et l'habitude du corps, des variétés beaucoup plus frappantes. Tous ces faits, dont il est aisé de fournir des preuves incontestables, ne peuvent surprendre que ceux qui sont accoutumés à ne regarder que les objets qui les environnent, et qui ignorent les puissants effets de la diversité des climats, de l'air, des aliments, de la manière de vivre, des habitudes en général, et surtout la force étonnante des mêmes causes, quand elles agissent continuellement sur de longues suites de générations. Aujourd'hui que le commerce, les voyages et les conquêtes réunissent davantage les peuples divers, et que leurs manières de vivre se rapprochent sans cesse par la fréquente communication, on s'aperçoit que certaines différences nationales ont diminué ; et, par exemple, chacun peut remarquer que les Français d'aujourd'hui ne sont plus ces grands corps blancs et blonds décrits par les historiens latins, quoique le temps, joint au mélange des Francs, et des Normands, blancs et blonds eux-mêmes, eût dû établir ce que la fréquentation des Romains avait pu ôter à l'influence du climat, dans la constitution naturelle et le teint des habitants. Toutes ces observations sur les variétés que mille causes peuvent produire et ont produites en effet dans l'espèce humaine, me font douter si divers animaux semblables aux hommes, pris par les voyageurs pour des bêtes sans beaucoup d'examen, ou à cause de quelques différences qu'ils remarquaient dans la conformation extérieure, ou seulement parce que ces animaux ne parlaient pas, ne seraient point en effet de véritables hommes sauvages, dont la race dispersée anciennement dans les bois, n'avait eu occasion de développer aucune de ses facultés virtuelles, n'avait acquis aucun degré de perfection, et se trouvait encore dans l'état primitif de nature. Donnons un exemple de ce que je veux dire.

« On trouve, dit le traducteur de l'*Histoire des Voyages*, dans le royaume de Congo, quantité de ces grands animaux qu'on nomme *orangs-outangs* aux Indes orientales, qui tiennent comme le milieu entre l'espèce humaine et les babouins. Battel raconte que, dans les forêts de Mayomba, au royaume de Loango, on voit deux sortes de monstres dont les plus grands se nomment *pongos*, et les autres *enjocos*. Les premiers ont une ressemblance exacte avec l'homme, mais ils sont beaucoup plus gros et de fort haute taille. Avec un visage humain, ils ont les yeux fort enfoncés. Leurs mains, leurs joues, leurs oreilles sont sans poil, à l'exception des sourcils, qu'ils ont fort longs. Quoiqu'ils aient le reste du corps assez velu, le poil n'en est pas fort épais, et sa couleur est brune. Enfin la seule partie qui les distingue des hommes est la jambe, qu'ils ont sans mollet. Ils marchent droits, en se tenant de la main le poil du cou. Leur retraite est dans les bois ; ils dorment sur les arbres, et s'y font une espèce de toit qui les met à couvert de la pluie. Leurs aliments sont des fruits ou des noix sauvages. Jamais ils ne mangent de chair. L'usage des nègres qui traversent les forêts est d'y allumer des feux pendant la nuit : ils remarquent que le matin, à leur départ, les pongos prennent leur place autour du feu, et ne se retirent pas qu'il ne soit éteint ; car, avec beaucoup d'adresse, ils n'ont point assez de sens pour l'entretenir en y apportant du bois.

Ils marchent quelquefois en troupes, et tuent les nègres qui traversent les forêts. Ils tombent même sur les éléphants qui viennent paître dans les lieux qu'ils habitent, et les incommodent si fort à coups de poing ou de bâton, qu'ils les forcent à prendre la fuite en poussant des cris. On ne prend jamais de pongos en vie, parce qu'ils sont si robustes que dix hommes n'y suffiraient pas pour les arrêter ; mais les nègres en prennent quantité de jeunes après avoir tué la mère, au corps de laquelle le petit s'attache fortement. Lorsqu'un de ces animaux meurt, les autres couvrent son corps d'un amas de branches ou de feuillages. Purchass ajoute que, dans les conversations qu'il avait eues avec Battel, il avait appris de lui-même qu'un pongo lui enleva un petit nègre qui passa un mois entier dans la société de ces animaux ; car ils ne font aucun mal aux hommes qu'ils surprennent, du moins lorsque ceux-ci ne les regardent point, comme le petit nègre l'avait observé. Battel n'a point décrit la seconde espèce de monstres.

Dapper confirme que le royaume de Congo est plein de ces animaux qui portent aux Indes le nom d'orangs-outangs, c'est-à-dire habitants des bois, et que les Africains nomment *quojas-morros*. Cette bête, dit-il, est si semblable à l'homme, qu'il est tombé dans l'esprit à quelques voyageurs qu'elle pouvait être sortie d'une femme et d'un singe : chimère que les nègres mêmes rejettent. Un de ces animaux fut transporté du Congo en Hollande, et présenté au prince d'Orange, Frédéric Henri. Il était de la hauteur d'un enfant de trois ans et d'un embonpoint médiocre, mais carré et bien proportionné, fort agile et fort vif, les jambes charnues et robustes, tout le devant du corps nu, mais le derrière couvert de poils noirs. À la première vue, son visage ressemblait à celui d'un homme, mais il avait le nez plat et recourbé ; ses oreilles étaient aussi celles de l'espèce humaine ; son sein, car c'était une femelle, était potelé, son nombril enfoncé, ses épaules fort bien jointes, ses mains divisées en doigts et en pouces, ses mollets et ses talons gras et charnus. Il marchait souvent droit sur ses jambes. Il était capable de lever et porter des fardeaux assez lourds. Lorsqu'il voulait boire, il prenait d'une main le couvercle du pot, et tenait le fond de l'autre ; ensuite il s'essuyait gracieusement les lèvres. Il se couchait, pour dormir, la tête sur un coussin, se couvrant avec tant d'adresse qu'on l'aurait pris pour un homme au lit. Les nègres font d'étranges récits de cet animal : ils assurent non seulement qu'il force les femmes et les filles, mais qu'il ose attaquer des hommes armés. En un mot, il y a beaucoup d'apparence que c'est le satyre des anciens. Merolla ne parle peut-être que de ces animaux, lorsqu'il raconte que les nègres prennent quelquefois dans leurs chasses des hommes et des femmes sauvages. »

Il est encore parlé de ces espèces d'animaux anthropoformes dans le troisième tome de la même Histoire des Voyages, sous le nom de *beggos* et de *mandrills* : mais, pour nous en tenir aux relations précédentes, on trouve dans la description de ces prétendus monstres des conformités frappantes avec l'espèce humaine, et des différences moindres que celles qu'on pourrait assigner d'homme à homme. On ne voit point dans ces passages les raisons sur lesquelles les auteurs se fondent pour refuser aux animaux en question le nom d'hommes sauvages : mais il est aisé de conjecturer que c'est à cause de leur stupidité, et aussi parce qu'ils ne parlaient pas ; raisons faibles pour ceux qui savent que, quoique l'organe de la parole soit naturel à l'homme, la parole elle-même ne lui est pourtant pas naturelle, et, qui connaissent jusqu'à quel point sa perfectibilité peut avoir élevé l'homme civil au-dessus de son état originel. Le petit nombre de lignes que contiennent ces descriptions nous peut faire juger combien ces animaux ont été mal observés, et avec quels préjugés ils ont été vus. Par exemple, ils sont qualifiés de monstres, et cependant on convient qu'ils engendrent. Dans un endroit, Battel dit que les pongos tuent les nègres qui traversent les forêts ; dans un autre, Purchass ajoute qu'ils ne leur font aucun mal, même quand ils les surprennent, du moins lorsque les nègres ne s'attachent pas à les regarder. Les pongos s'assemblent autour des feux allumés par les nègres quand ceux-ci se retirent, et se retirent à leur tour quand le feu est éteint ; voilà le fait ; voici maintenant le commentaire de l'observateur, *car, avec beaucoup* d'adresse, *ils n'ont pas assez de sens pour l'entretenir en y apportant du bois.* Je voudrais deviner comment Battel, ou Purchass son compilateur, a pu savoir que la retraite des pongos était un effet de leur bêtise plutôt que de leur volonté. Dans un climat tel que Loango, le feu n'est pas une chose fort nécessaire aux animaux ; et si les nègres en allument, c'est moins contre le froid que pour effrayer les bêtes féroces : il est donc très simple qu'après avoir été quelque temps réjouis par la flamme, ou s'être bien réchauffés, les pongos s'ennuient de rester toujours à la même place, et s'en aillent à leur pâture, qui demande plus de temps que s'ils mangeaient de la chair. D'ailleurs, on sait que la plupart des animaux, sans en excepter l'homme, sont naturellement paresseux, et qu'ils se refusent à toutes sortes de soins qui ne sont pas d'une absolue nécessité. Enfin, il paraît fort étrange que les pongos, dont on vante l'adresse et la force, les pongos qui savent enterrer leurs morts et se faire des toits de branchages, ne sachent pas pousser des tisons dans le feu. Je me souviens d'avoir vu un singe faire cette même manœuvre qu'on ne veut pas que les pongos puissent faire : il est vrai que mes idées n'étant pas alors tournées de ce côté, je fis moi-même la faute que je reproche à nos voyageurs et je négligeai d'examiner si l'intention du singe était, en effet, d'entretenir le feu, ou simplement, comme je crois, d'imiter l'action d'un homme. Quoi qu'il en soit, il est bien démontré que le singe n'est pas une variété de l'homme, non seulement parce qu'il est privé de la faculté de parler, mais surtout parce qu'on est sûr que son espèce n'a point celle de se perfectionner, qui est le caractère spécifique de l'espèce humaine ; expériences qui ne paraissent pas avoir été faites sur le pongo et l'orang-outang avec assez de soin pour en pouvoir tirer la même conclusion. Il y aurait pourtant un moyen par lequel, si l'orang-outang ou d'autres étaient de l'espèce humaine, les observateurs les plus grossiers pourraient s'en assurer, même avec démonstration : mais outre qu'une seule génération ne suffirait pas pour cette expérience, elle doit passer pour impraticable, parce qu'il faudrait que ce qui n'est qu'une supposition fût démontré vrai avant que l'épreuve qui devrait constater le fait pût être tentée innocemment.

Les jugements précipités, qui ne sont point le fruit d'une raison éclairée sont sujets à donner dans l'excès. Nos voyageurs font sans façon des bêtes sous les noms de *pongos*, de *mandrills*, d'*orangs-outangs*, de ces mêmes êtres dont, sous les noms de *satyres*, de *faunes*, de *sylvains*, les anciens faisaient des divinités. Peut-être, après des recherches plus exactes, trouvera-t-on que ce ne sont ni des bêtes ni des dieux, mais des hommes. En attendant, il me paraît qu'il y a bien autant de raison de s'en rapporter là-dessus à Merolla, religieux lettré, témoin oculaire, et qui, avec toute sa naïveté, ne laissait pas d'être homme d'esprit, qu'au marchand Battel, à Dapper, à Purchass et aux autres compilateurs.

Quel jugement pense-t-on qu'eussent porté de pareils observateurs sur l'enfant trouvé en 1694, dont j'ai déjà parlé ci-devant (note 3), qui ne donnait aucune marque de raison, marchait sur ses pieds et sur ses mains, n'avait aucun langage, et formait des sons qui ne ressemblaient en rien à ceux d'un homme ? Il fut longtemps, continue le même philosophe qui me fournit ce fait, avant de pouvoir proférer quelques paroles ; encore le fit-il d'une manière barbare. Aussitôt qu'il put parler, on l'interrogea sur son premier état ; mais il ne s'en souvint non plus que nous nous souvenons de ce qui nous est arrivé au berceau. Si malheureusement pour lui cet enfant fût tombé dans les mains de nos voyageurs, on ne peut douter qu'après avoir remarqué son silence et sa stupidité, ils n'eussent pris le parti de le renvoyer dans les bois ou de l'enfermer dans une ménagerie ; après quoi ils en auraient savamment parlé dans de belles relations, comme d'une bête fort curieuse qui ressemblait assez à l'homme.

Depuis trois ou quatre cents ans que les habitants de l'Europe inondent les autres parties du monde, et publient sans cesse de nouveaux recueils de voyages et de relations, je suis persuadé que nous ne connaissons d'hommes que les seuls Européens ; encore paraît-il, aux préjugés ridicules qui ne sont pas éteints même parmi les gens de lettres, que chacun ne fait guère, sous le nom pompeux d'étude de l'homme, que celle des hommes de son pays. Les particuliers ont beau aller et venir, il semble que la philosophie ne voyage point ; aussi celle de chaque peuple est-elle peu propre pour un autre. La cause de ceci est manifeste, au moins pour les contrées éloignées ; il n'y a guère que quatre sortes d'hommes qui fussent des voyages de long cours : les marins, les marchands, les soldats et les missionnaires. Or, on ne doit guère s'attendre que les trois premières classes fournissent de bons observateurs ; et quant à ceux de la quatrième, occupés de la vocation sublime qui les appelle, quand ils ne seraient pas sujets à des préjugés d'état comme tous les autres, on doit croire qu'ils ne se livreraient pas volontiers à des recherches qui paraissent de pure curiosité et qui les détourneraient des travaux plus importants auxquels ils se destinent. D'ailleurs, pour prêcher utilement l'Évangile, il ne faut que du zèle, et Dieu donne le reste ; mais pour étudier les hommes, il faut des talents que Dieu ne s'engage à donner à personne, et qui ne sont pas toujours le partage des saints. On n'ouvre pas un livre de voyages où l'on ne trouve des descriptions de caractères et de mœurs : mais on est tout étonné d'y voir que ces gens qui ont tant décrit de choses, n'ont dit que ce que chacun savait déjà, n'ont su apercevoir, à l'autre bout du monde, que ce qu'il n'eût tenu qu'à eux de remarquer sans sortir de leur rue, et que ces traits vrais qui distinguent les nations, et qui frappent les yeux faits pour voir, ont presque toujours échappé aux leurs. De là est venu ce bel adage de morale, si rebattu par la tourbe philosophesque : Que les hommes sont partout les mêmes, qu'ayant partout les mêmes passions et les mêmes vices, il est assez inutile de chercher à caractériser les différents peuples ; ce qui est à peu près aussi bien raisonné que si l'on disait qu'on ne saurait distinguer Pierre d'avec Jacques, parce qu'ils ont tous deux un nez, une bouche et des yeux.

Ne verra-t-on jamais renaître ces temps heureux où les peuples ne se mêlaient point de philosopher, mais où les Platon, les Thalès et les Pythagore, épris d'un ardent désir de savoir, entreprenaient les plus grands voyages uniquement pour s'instruire, et allaient au loin secouer le joug des préjugés nationaux, apprendre à connaître les hommes par leurs conformités et par leurs différences, et acquérir ces connaissances universelles qui ne sont point celles d'un siècle ou d'un pays exclusivement, mais qui, étant de tous les temps et de tous les lieux, sont pour ainsi dire la science commune des sages ?

On admire la magnificence de quelques curieux qui ont fait ou fait faire à grands frais des voyages en Orient avec des savants et des peintres, pour y dessiner des masures et déchiffrer ou copier des inscriptions ; mais j'ai peine à concevoir comment, dans un siècle où l'on se pique de belles connaissances, il ne se trouve pas deux hommes bien unis, riches, l'un en argent, l'autre en génie, tous deux aimant la gloire et aspirant à l'immortalité, dont l'un sacrifie vingt mille écus de son bien, et l'autre dix ans de sa vie, à un célèbre voyage autour du monde, pour y étudier, non toujours des pierres ou des plantes, mais une fois les hommes et les mœurs, et qui, après tant de siècles employés à mesurer et considérer la maison, s'avisent enfin d'en vouloir connaître les habitants.

Les académiciens qui ont parcouru les parties septentrionales de l'Europe, et méridionales de l'Amérique, avaient plus pour objet de les visiter en géomètres qu'en philosophes. Cependant, comme ils étaient à la fois l'un et l'autre, on ne peut pas regarder comme tout à fait inconnues les régions qui ont été vues et décrites par les La Condamine et les Maupertuis. Le joaillier Chardin, qui a voyagé comme Platon, n'a rien laissé à dire sur la Perse. La Chine paraît avoir été bien observée par les jésuites. Kempfer donne une idée passable du peu qu'il a vu dans le Japon. À ces relations près, nous ne connaissons point les peuples des Indes orientales fréquentées uniquement par des Européens plus curieux de remplir leurs bourses que leurs têtes. L'Afrique entière et ses nombreux habitants, aussi singuliers par leur caractère que par leur couleur, sont encore à examiner ; toute la terre est couverte de nations dont nous ne connaissons que les noms : et nous nous mêlons de juger le genre humain ! Supposons un Montesquieu, un Buffon, un Diderot, un Duclos, un d'Alembert, un Condillac, ou des hommes de cette trempe, voyageant pour instruire leurs compatriotes, observant et décrivant, comme ils savent faire, la Turquie, l'Égypte, la Barbarie, l'empire de Maroc, la Guinée, le pays des Cafres, l'intérieur de l'Afrique et ses côtes orientales, les Malabares, le Mogol, les rives du Gange, les royaumes de Siam, de Pégu et d'Ava, la Chine, la Tartarie, et surtout le Japon ; puis, dans l'autre hémisphère, le Mexique, le Pérou, le Chili, les Terres Magellaniques, sans oublier les Patagons vrais ou faux, le Tucuman, le Paraguay, s'il était possible, le Brésil, enfin les Caraïbes, la Floride, et toutes les contrées sauvages ; voyage le plus important de tous, et celui qu'il faudrait faire avec le plus de soin : supposons que ces nouveaux Hercules, de retour de ces courses mémorables, fissent ensuite à loisir l'histoire naturelle, morale et politique, de ce qu'ils auraient vu, nous verrions nous-mêmes sortir un monde nouveau de dessous leur plume, et nous apprendrions ainsi à connaître le nôtre ; je dis que quand de pareils observateurs affirmeront d'un tel animal que c'est un homme, et d'un autre que c'est une bête, il faudra les en croire ; mais ce serait une grande simplicité de s'en rapporter là-dessus à des voyageurs grossiers, sur lesquels on serait quelquefois tenté de faire la même question qu'ils se mêlent de résoudre sur d'autres animaux.

(11) Cela me paraît de la dernière évidence, et je ne saurais concevoir d'où nos philosophes peuvent faire naître toutes les passions qu'ils prêtent à l'homme naturel. Excepté le seul nécessaire physique, que la nature même demande, tous nos autres besoins ne sont tels que par l'habitude, avant laquelle ils n'étaient point des besoins, ou par nos désirs ; et l'on ne désire point ce qu'on n'est pas en état de connaître. D'où il suit que l'homme sauvage ne désirant que les choses qu'il connaît, et ne connaissant que celles dont la possession est en son pouvoir, ou facile à acquérir, rien ne doit être si tranquille que son âme et rien si borné que son esprit.

(12) Je trouve dans le Gouvernement civil de Locke une objection qui me paraît trop spécieuse pour qu'il me soit permis de la dissimuler. « La fin de la société entre le mâle et la femelle, dit ce philosophe, n'étant pas simplement de procréer, mais de continuer l'espèce, cette société doit durer, même après la procréation, du moins aussi longtemps qu'il est nécessaire pour la nourriture et la conservation des procréés, c'est-à-dire jusqu'à ce qu'ils soient capables de pourvoir eux-mêmes à leurs besoins. Cette règle, que la sagesse infinie du Créateur a établie sur les œuvres de ses mains, nous voyons que les créatures inférieures à l'homme l'observent constamment et avec exactitude. Dans ces animaux qui vivent d'herbes, la société entre le mâle et la femelle ne dure pas plus longtemps que chaque acte de copulation, parce que les mamelles de la mère étant suffisantes pour nourrir les petits jusqu'à ce qu'ils soient capables de paître l'herbe, le mâle se contente d'engendrer, et il ne se mêle plus après cela de la femelle ni des petits, à la subsistance desquels il ne peut en rien contribuer. Mais au regard des bêtes de proie, la société dure plus longtemps, à cause que la mère, ne pouvant pas bien pourvoir à sa subsistance propre et nourrir en même temps ses petits par sa seule proie, qui est une voie de se nourrir et plus laborieuse et plus dangereuse que n'est celle de se nourrir d'herbe, l'assistance du mâle est tout à fait nécessaire pour le maintien de leur commune famille, si l'on peut user de ce terme ; laquelle, jusqu'à ce qu'elle puisse aller chercher quelque proie, ne saurait subsister que par les soins du mâle et de la femelle. On remarque la même chose dans tous les oiseaux, si l'on excepte quelques oiseaux

domestiques, qui se trouvent dans des lieux où la continuelle abondance de nourriture exempte le mâle du soin de nourrir les petits : on voit que, pendant que les petits, dans leur nid, ont besoin d'aliments, le mâle et la femelle y en portent jusqu'à ce que ces petits-là puissent voler et pourvoir à leur subsistance.

Et, en cela, à mon avis, consiste la principale, si ce n'est la seule raison pourquoi le mâle et la femelle, dans le genre humain, sont obligés à une société plus longue que n'entretiennent les autres créatures. Cette raison est que la femme est capable de concevoir, et est pour l'ordinaire derechef grosse et fait un nouvel enfant longtemps avant que le précédent soit hors d'état de se passer du secours de ses parents, et puisse lui-même pourvoir à ses besoins. Ainsi un père étant obligé de prendre soin de ceux qu'il a engendrés, et de prendre ce soin-là pendant longtemps, il est aussi dans l'obligation de continuer à vivre dans la société conjugale avec la même femme de qui il les a eus, et de demeurer dans cette société beaucoup plus longtemps que les autres créatures, dont les petits pouvant subsister d'eux-mêmes avant que le temps d'une nouvelle procréation vienne, le lien du mâle et de la femelle se rompt de lui-même, et l'un et l'autre se trouvent dans une pleine liberté, jusqu'à ce que cette saison qui a coutume de solliciter les animaux à se joindre ensemble les oblige à se choisir de nouvelles compagnes. Et ici l'on ne saurait admirer assez la sagesse du Créateur, qui, ayant donné à l'homme des qualités propres pour pourvoir à l'avenir aussi bien qu'au présent, a voulu et a fait en sorte que la société de l'homme durât beaucoup plus longtemps que celle du mâle et de la femelle parmi les autres créatures, afin que par là l'industrie de l'homme et de la femme fût plus excitée, et que leurs intérêts fussent mieux unis, dans la vue de faire des provisions pour leurs propres enfants et de leur laisser du bien, rien ne pouvant être plus préjudiciable à des enfants qu'une conjonction incertaine et vague, ou une dissolution facile et fréquente de la société conjugale. »

Le même amour de la vérité qui m'a fait exposer sincèrement cette objection, m'excite à l'accompagner de quelques remarques, sinon pour la résoudre, au moins pour l'éclaircir.

1. J'observerai d'abord que les preuves morales n'ont pas une grande force en matière de physique, et qu'elles servent plutôt à rendre raison des faits existants qu'à constater l'existence réelle de ces faits. Or, tel est le genre de preuve que M. Locke emploie dans le passage que je viens de rapporter ; car quoiqu'il puisse être avantageux à l'espèce humaine que l'union de l'homme et de la femme soit permanente, il ne s'ensuit pas que cela ait été ainsi établi par la nature ; autrement il faudrait dire qu'elle a aussi institué la société civile, les arts, le commerce et tout ce qu'on prétend être utile aux hommes.

2. J'ignore où M. Locke a trouvé qu'entre les animaux de proie la société du mâle et de la femelle dure plus longtemps que parmi ceux qui vivent d'herbe, et que l'un aide à l'autre à nourrir les petits ; car on ne voit pas que le chien, le chat, l'ours ni le loup reconnaissent leur femelle mieux que le cheval, le bélier, le taureau, le cerf, ni tous les autres animaux quadrupèdes ne reconnaissent la leur. Il semble au contraire que si le secours du mâle était nécessaire à la femelle pour conserver ses petits, ce serait surtout dans les espèces qui ne vivent que d'herbes, parce qu'il faut fort longtemps à la mère pour paître, et que, durant tout cet intervalle, elle est forcée de négliger sa portée, au lieu que la proie d'une ourse ou d'une louve est dévorée en un instant, et qu'elle a, sans souffrir la faim, plus de temps pour allaiter ses petits. Ce raisonnement est confirmé par une observation sur le nombre relatif de mamelles et de petits qui distingue les espèces carnassières des frugivores, et dont j'ai parlé dans la note 8. Si cette observation est juste et générale, la femme n'ayant que deux mamelles et ne faisant guère qu'un enfant à la fois, voilà une forte raison de plus pour douter que l'espèce humaine soit naturellement carnassière ; de sorte qu'il semble que, pour tirer la conclusion de Locke, il faudrait retourner tout à fait son raisonnement. Il n'y a pas plus de solidité dans la même distinction appliquée aux oiseaux. Car qui pourra se persuader que l'union du mâle et de la femelle soit plus durable parmi les vautours et les corbeaux que parmi les tourterelles ? Nous avons deux espèces d'oiseaux domestiques, la cane et le pigeon, qui nous fournissent des exemples directement contraires au système de cet auteur. Le pigeon, qui ne vit que de grain, reste uni à sa femelle, et ils nourrissent leurs petits en commun. Le canard, dont la voracité est connue, ne reconnaît ni sa femelle ni ses petits, et n'aide en rien à leur subsistance, et parmi les poules, espèce qui n'est guère moins carnassière, on ne voit pas que le coq se mette aucunement en peine de la couvée. Que si, dans d'autres espèces, le mâle partage avec la femelle le soin de nourrir les petits, c'est que les oiseaux, qui d'abord ne peuvent voler, et que la mère ne peut allaiter, sont beaucoup moins en état de se passer de l'assistance du père que les quadrupèdes, à qui suffit la mamelle de la mère, au moins durant quelque temps.

3. Il y a bien de l'incertitude sur le fait principal qui sert de base à tout le raisonnement de M. Locke ; car pour savoir si, comme il le prétend, dans leur pur état de nature, la femme est pour l'ordinaire derechef grosse et fait un nouvel enfant longtemps avant que le précédent puisse pourvoir lui-même à ses besoins, il faudrait des expériences qu'assurément M. Locke n'avait pas faites, et que personne n'est à portée de faire. La cohabitation continuelle du mari et de la femme est une occasion si prochaine de s'exposer à une nouvelle grossesse, qu'il est bien difficile de croire que la rencontre fortuite ou la seule impulsion du tempérament produisît des effets aussi fréquents

dans le pur état de nature que celui de la société conjugale ; lenteur qui contribuerait peut-être à rendre les enfants plus robustes, et qui d'ailleurs pourrait être compensée par la faculté de concevoir, prolongée dans un plus grand âge chez les femmes qui en auraient moins abusé dans leur jeunesse. À l'égard des enfants, il y a bien des raisons de croire que leurs forces et leurs organes se développent plus tard parmi nous qu'ils ne faisaient dans l'état primitif dont je parle. La faiblesse originelle qu'ils tirent de la constitution des parents, les soins qu'on prend d'envelopper et gêner tous leurs membres, la mollesse dans laquelle ils sont élevés, peut-être l'usage d'un autre lait que celui de leur mère, tout contrarie et retarde en eux les premiers progrès de la nature. L'application qu'on les oblige de donner à mille choses sur lesquelles on fixe continuellement leur attention, tandis qu'on ne donne aucun exercice à leurs forces corporelles peut encore faire une diversion considérable à leur accroissement ; de sorte que, si, au lieu de surcharger et fatiguer d'abord leurs esprits de mille manières, on laissait exercer leurs corps aux mouvements continuels que la nature semble leur demander, il est à croire qu'ils seraient beaucoup plus tôt en état de marcher, d'agir et de pourvoir eux-mêmes à leurs besoins.

4. Enfin M. Locke prouve tout au plus qu'il pourrait bien y avoir dans l'homme un motif de demeurer attaché à la femme lorsqu'elle a un enfant ; mais il ne prouve nullement qu'il a dû s'y attacher avant l'accouchement et pendant les neuf mois de la grossesse. Si telle femme est indifférente à l'homme pendant ces neuf mois, si même elle lui devient inconnue, pourquoi la secourra-t-il après l'accouchement ? Pourquoi lui aidera-t-il à élever un enfant qu'il ne sait pas seulement lui appartenir, et dont il n'a résolu ni prévu la naissance ? M. Locke suppose évidemment ce qui est en question ; car il ne s'agit pas de savoir pourquoi l'homme demeurera attaché à la femme après l'accouchement, mais pourquoi il s'attachera à elle après la conception. L'appétit satisfait, l'homme n'a plus besoin de telle femme, ni la femme de tel homme. Celui-ci n'a pas le moindre souci ni peut-être la moindre idée des suites de son action. L'un s'en va d'un côté, l'autre de l'autre, et il n'y a pas d'apparence qu'au bout de neuf mois ils aient la mémoire de s'être connus : car cette espèce de mémoire par laquelle un individu donne la préférence à un individu pour l'acte de la génération exige, comme je le prouve dans le texte, plus de progrès ou de corruption dans l'entendement humain, qu'on ne peut lui en supposer dans l'état d'animalité dont il s'agit ici. Une autre femme peut donc contenter les nouveaux désirs de l'homme aussi commodément que celle qu'il a déjà connue, et un autre homme contenter de même la femme, supposé qu'elle soit pressée du même appétit pendant l'état de grossesse, de quoi l'on peut raisonnablement douter. Que si, dans l'état de nature, la femme ne ressent plus la passion de l'amour après

la conception de l'enfant, l'obstacle à sa société avec l'homme en devient encore beaucoup plus grand ; puisqu'alors elle n'a plus besoin ni de l'homme qui l'a fécondée, ni d'aucun autre. Il n'y a donc dans l'homme aucune raison de rechercher la même femme, ni dans la femme aucune raison de rechercher le même homme. Le raisonnement de Locke tombe donc en ruine, et toute la dialectique de ce philosophe ne l'a pas garanti de la faute que Hobbes et d'autres ont commise. Ils avaient à expliquer un fait de l'état de nature, c'est-à-dire d'un état où les hommes vivaient isolés, et où tel homme n'avait aucun motif de demeurer à côté de tel homme, ni peut-être les hommes de demeurer à côté les uns des autres, ce qui est bien pis ; et ils n'ont pas songé à se transporter au-delà des siècles de société, c'est-à-dire, de ces temps où les hommes ont toujours une raison de demeurer près les uns des autres, et où tel homme a souvent une raison de demeurer à côté de tel homme ou de telle femme.

(13) Je me garderai bien de m'embarquer dans les réflexions philosophiques qu'il y aurait à faire sur les avantages et les inconvénients de cette institution des langues : ce n'est pas à moi qu'on permet d'attaquer les erreurs vulgaires, et le peuple lettré respecte trop ses préjugés pour supporter patiemment mes prétendus paradoxes. Laissons donc parler les gens à qui l'on n'a point fait un crime d'oser prendre quelquefois le parti de la raison contre l'avis de la multitude. *Nec quidquam felicitati humani generis decederet, si, pulsa tot linguarum peste et confusione, unam artem callerent mortales, et signis, motibus gestibusque, licitum foret quidvis explicare. Nunc vero ita comparatum est, ut animalium quæ vulgo bruta creduntur melior longe quam nostra hac in parte videatur conditio utpote quæ promptius, et forsan felicius, sensus et cogitationes suas sine interprete significent, quam ulli queant mortales, præsertim si peregrino utantur sermone.* Is. Vossius, *de Poemat. cant. et viribus rythmi*.

(14) Platon, montrant combien les idées de la quantité discrète et de ses rapports sont nécessaires dans les moindres arts, se moque avec raison des auteurs de son temps qui prétendaient que Palamède avait inventé les nombres au siège de Troie, comme si, dit ce philosophe, Agamemnon eût pu ignorer jusque-là combien il avait de jambes. En effet, on sent l'impossibilité que la société et les arts fussent parvenus où ils étaient déjà du temps du siège de Troie, sans que les hommes eussent l'usage des nombres et du calcul : mais la nécessité de connaître les nombres avant que d'acquérir d'autres connaissances n'en rend pas l'invention plus aisée à imaginer. Les noms des nombres une fois connus, il est aisé d'en expliquer le sens, et d'exciter les idées que ces noms représentent ; mais pour les inventer il fallut, avant que de concevoir ces mêmes idées, s'être pour ainsi dire familiarisé avec les méditations philosophiques, s'être exercé à considérer les êtres par leur

seule essence et indépendamment de toute autre perception, abstraction très pénible, très métaphysique, très peu naturelle, et sans laquelle cependant ces idées n'eussent jamais pu se transporter d'une espèce ou d'un genre à un autre, ni les nombres devenir universels. Un sauvage pouvait considérer séparément sa jambe droite et sa jambe gauche, ou les regarder ensemble sous l'idée indivisible d'une couple, sans jamais penser qu'il en avait deux : car autre chose est l'idée représentative qui nous peint un objet, et autre chose l'idée numérique qui le détermine. Moins encore pouvait-il calculer jusqu'à cinq ; et quoique appliquant ses mains l'une sur l'autre, il eût pu remarquer que les doigts se répondaient exactement, il était bien loin de songer à leur égalité numérique, il ne savait pas plus le compte de ses doigts que de ses cheveux ; et si, après lui avoir fait entendre ce que c'est que nombres, quelqu'un lui eût dit qu'il avait autant de doigts aux pieds qu'aux mains, il eût pu être fort surpris, en les comparant, de trouver que cela était vrai.

(15) Il ne faut pas confondre l'amour-propre et l'amour de soi-même, deux passions très différentes par leur nature et par leurs effets. L'amour de soi-même est un sentiment naturel, qui porte tout animal à veiller à sa propre conservation, et qui, dirigé dans l'homme par la raison et modifié par la pitié, produit l'humanité et la vertu. L'amour-propre n'est qu'un sentiment relatif, factice et né dans la société, qui porte chaque individu à faire plus de cas de soi que de tout autre, qui inspire aux hommes tous les maux qu'ils se font mutuellement, et qui est la véritable source de l'honneur.

Ceci bien entendu, je dis que, dans notre état primitif, dans le véritable état de nature, l'amour-propre n'existe pas ; car chaque homme en particulier se regardant lui-même comme le seul spectateur qui l'observe, comme le seul être dans l'univers qui prenne intérêt à lui, comme seul juge de son propre mérite, il n'est pas possible qu'un sentiment qui prend sa source dans des comparaisons qu'il n'est pas à portée de faire puisse germer dans son âme : par la même raison, cet homme ne saurait avoir ni haine ni désir de vengeance, passions qui ne peuvent naître que de l'opinion de quelque offense reçue ; et comme c'est le mépris ou l'intention de nuire, et non le mal qui constitue l'offense, des hommes qui ne savent ni s'apprécier ni se comparer peuvent se faire beaucoup de violences mutuelles quand il leur en revient quelque avantage, sans jamais s'offenser réciproquement. En un mot, chaque homme, ne voyant guère ses semblables que comme il verrait des animaux d'une autre espèce, peut ravir la proie au plus faible ou céder la sienne au plus fort, sans envisager ces rapines que comme des évènements naturels, sans le moindre mouvement d'insolence ou de dépit, et sans autre passion que la douleur ou la joie d'un bon ou mauvais succès.

(16) C'est une chose extrêmement remarquable que, depuis tant d'années que les Européens se tourmentent pour amener les sauvages de diverses contrées du monde à leur manière de vivre, ils n'aient pas pu encore en gagner un seul, non pas même à la faveur du christianisme ; car nos missionnaires en font quelquefois des chrétiens, mais jamais des hommes civilisés. Rien ne peut surmonter l'invincible répugnance qu'ils ont à prendre nos mœurs et vivre à notre manière. Si ces pauvres sauvages sont aussi malheureux qu'on le prétend, par quelle inconcevable dépravation de jugement refusent-ils constamment de se policer à notre imitation, ou d'apprendre à vivre heureux parmi nous, tandis qu'on lit en mille endroits que des Français et d'autres Européens se sont réfugiés volontairement parmi ces nations, y ont passé leur vie entière sans pouvoir plus quitter une si étrange manière de vivre, et qu'on voit même des missionnaires sensés regretter avec attendrissement les jours calmes et innocents qu'ils ont passés chez ces peuples si méprisés ? Si l'on répond qu'ils n'ont pas assez de lumières pour juger de leur état et du nôtre, je répliquerai que l'estimation du bonheur est moins l'affaire de la raison que du sentiment. D'ailleurs, cette réponse peut se rétorquer contre nous avec plus de force encore ; car il y a plus loin de nos idées à la disposition d'esprit où il faudrait être pour concevoir le goût que trouvent les sauvages à leur manière de vivre, que des idées des sauvages à celles qui peuvent leur faire concevoir la nôtre. En effet, après quelques observations, il leur est aisé de voir que tous nos travaux se dirigent sur deux seuls objets ; savoir, pour soi les commodités de la vie, et la considération parmi les autres. Mais le moyen pour nous d'imaginer la sorte de plaisir qu'un sauvage prend à passer sa vie seul au milieu des bois, ou à la pêche, ou à souffler dans une mauvaise flûte, sans jamais savoir en tirer un seul ton, et sans se soucier de l'apprendre ?

On a plusieurs fois amené des sauvages à Paris, à Londres, et dans d'autres villes ; on s'est empressé de leur étaler notre luxe, nos richesses, et tous nos arts les plus utiles et les plus curieux ; tout cela n'a jamais excité chez eux qu'une admiration stupide, sans le moindre mouvement de convoitise. Je me souviens entre autres de l'histoire d'un chef de quelques Américains septentrionaux qu'on mena à la cour d'Angleterre, il y a une trentaine d'années : on lui fit passer mille choses devant les yeux, pour chercher à lui faire quelque présent qui pût lui plaire, sans qu'on trouvât rien dont il parût se soucier. Nos armes lui semblaient lourdes et incommodes, nos souliers lui blessaient les pieds, nos habits le gênaient, il rebutait tout ; enfin on s'aperçut qu'ayant pris une couverture de laine, il semblait prendre plaisir à s'en envelopper les épaules. Vous conviendrez au moins, lui dit-on aussitôt, de l'utilité de ce meuble ? Oui, répondit-il, cela me paraît presque aussi bon qu'une peau de bête. Encore n'eût-il pas dit cela s'il eût porté l'une et l'autre à la pluie.

Peut-être me dira-t-on que c'est l'habitude qui, attachant chacun à sa manière de vivre, empêche les sauvages de sentir ce qu'il y a de bon dans la nôtre : et sur ce pied-là, il doit paraître au moins fort extraordinaire que l'habitude ait plus de force pour maintenir les sauvages dans le goût de leur misère que les Européens dans la jouissance de leur félicité. Mais pour faire à cette objection une réponse à laquelle il n'y ait pas un mot à répliquer, sans alléguer tous les jeunes sauvages qu'on s'est vainement efforcé de civiliser, sans parler des Groenlandais et des habitants de l'Islande qu'on a tenté d'élever et nourrir en Danemark, et que la tristesse et le désespoir ont tous fait périr, soit de langueur, soit dans la mer, où ils avaient tenté de regagner leur pays à la nage ; je me contenterai de citer un seul exemple bien attesté, et que je donne à examiner aux admirateurs de la police européenne.

« Tous les efforts des missionnaires hollandais du cap de Bonne-Espérance n'ont jamais été capables de convertir un seul Hottentot. Vander Stel, gouverneur du Cap, en ayant pris un dès l'enfance, le fit élever dans les principes de la religion chrétienne et dans la pratique des usages de l'Europe. On le vêtit richement, on lui fit apprendre plusieurs langues et ses progrès répondirent fort bien aux soins qu'on prit pour son éducation. Le gouverneur, espérant beaucoup de son esprit, l'envoya aux Indes avec un commissaire général qui l'employa utilement aux affaires de la compagnie. Il revint au Cap après la mort du commissaire. Peu de jours après son retour, dans une visite qu'il rendit à quelques Hottentots de ses parents, il prit le parti de se dépouiller de sa parure européenne, pour se revêtir d'une peau de brebis. Il retourna au fort dans ce nouvel ajustement, chargé d'un paquet qui contenait ses anciens habits ; et, les présentant au gouverneur, il lui tint ce discours : « Ayez la bonté, monsieur, de faire attention que je renonce pour toujours à cet appareil : je renonce aussi pour toute ma vie à la religion chrétienne ; ma résolution est de vivre et mourir dans la religion, les manières et les usages de mes ancêtres. L'unique grâce que je vous demande est de me laisser le collier et le coutelas que je porte ; je les garderai pour l'amour de vous. » Aussitôt, sans attendre la réponse de Vander Stel, il se déroba par la fuite, et jamais on ne le revit au Cap. » (*Histoire des Voyages*, tome V.)

(17) On pourrait m'objecter que, dans un pareil désordre, les hommes, au lieu de s'entrégorger, opiniâtrement se seraient dispersés, s'il n'y avait point en de bornes à leur dispersion. Mais, premièrement, ces bornes eussent au moins été celles du monde ; et si l'on pense à l'excessive population qui résulte de l'état de nature, on jugera que la terre, dans cet état, n'eût pas tardé à être couverte d'hommes, ainsi forcés à se tenir rassemblés.

D'ailleurs, ils se seraient dispersés si le mal avait été rapide, et que c'eût été un changement fait du jour au lendemain ; mais ils naissaient sous le joug ; ils avaient l'habitude de le porter quand ils en sentaient la pesanteur, et ils se contentaient d'attendre l'occasion de le secouer. Enfin, déjà accoutumés mille commodités qui les forçaient à se tenir rassemblés, la dispersion n'était plus si facile que dans les premiers temps, où, nul n'ayant besoin que de soi-même, chacun prenait son parti sans attendre le consentement d'un autre.

(18) Le maréchal de Villars contait que, dans une de ses campagnes, les excessives friponneries d'un entrepreneur des vivres ayant fait souffrir et murmurer l'armée, il le lança vertement, et le menaça de le faire pendre. Cette menace ne me regarde pas, lui répondit hardiment le fripon, et je suis bien aise de vous dire qu'on ne pend point un homme qui dispose de cent mille écus. Je ne sais comment cela se fit, ajouta, naïvement le maréchal, mais en effet il ne fut point pendu, quoiqu'il eût cent fois mérité de l'être.

(19) La justice distributive s'opposerait même à cette égalité rigoureuse de l'état de nature, quand elle serait praticable dans la société civile, et comme tous les membres de l'État lui doivent des services proportionnés à leurs talents et à leurs forces, les citoyens à leur tour doivent être distingués et favorisés à proportion de leurs services. C'est en ce sens qu'il faut entendre un passage d'Isocrate, dans lequel il loue les premiers Athéniens d'avoir bien su distinguer quelle était la plus avantageuse des deux sortes d'égalités, dont l'une consiste à faire part des mêmes avantages à tous les citoyens indifféremment, et l'autre à les distribuer selon le mérite de chacun. Ces habiles politiques, ajoute l'orateur, bannissant cette injuste égalité qui ne met aucune différence entre les méchants et les gens de bien, s'attachèrent inviolablement à celle qui récompense et punit chacun selon son mérite. Mais, premièrement, il n'a jamais existé de société, à quelque degré de corruption qu'elle ait pu parvenir, dans laquelle on ne fît aucune différence des méchants et des gens de bien ; et dans les matières de mœurs, où la loi ne peut fixer de mesure assez exacte pour servir de règle au magistrat, c'est très sagement que, pour ne pas laisser le sort ou le rang des citoyens à sa discrétion, elle lui interdit le jugement des personnes pour ne lui laisser que celui des actions. Il n'y a que des mœurs aussi pures que celles des anciens Romains qui puissent supporter des censeurs, et de pareils tribunaux auraient bientôt tout bouleversé parmi nous. C'est à l'estime publique à mettre de la différence entre les méchants et les gens de bien. Le magistrat n'est juge que du droit rigoureux : mais le peuple est le véritable juge des mœurs, juge intègre et même éclairé sur ce point, qu'on abuse quelquefois, mais qu'on ne corrompt jamais. Les rangs des citoyens doivent donc être réglés, non sur leur mérite personnel, ce qui serait laisser aux magistrats le moyen de faire

une application presque arbitraire de la loi, mais sur les services réels qu'ils rendent à l'État, et qui sont susceptibles d'une estimation plus exacte.

Lettre de J.-J. Rousseau à M. Philopolis

Vous voulez, monsieur, que je vous réponde puisque vous me faites des questions. Il s'agit, d'ailleurs, d'un ouvrage dédié à mes concitoyens : je dois, en le défendant, justifier l'honneur qu'ils m'ont fait de l'accepter. Je laisse à part dans votre lettre ce qui me regarde en bien et en mal, parce que l'un compense l'autre à peu près, que j'y prends peu d'intérêt, le public encore moins, et que tout cela ne fait rien à la recherche de la vérité. Je commence donc par le raisonnement que vous me proposez, comme essentiel à la question que j'ai tâché de résoudre.

L'état de société, me dites-vous, résulte immédiatement des facultés de l'homme, et par conséquent de sa nature. Vouloir que l'homme ne devînt pas sociable, ce serait donc vouloir qu'il ne fût point homme, et c'est attaquer l'ouvrage de Dieu que de s'élever contre la société humaine. Permettez-moi, monsieur, de vous proposer à mon tour une difficulté, avant de résoudre la vôtre. Je vous épargnerais ce détour si je connaissais un chemin plus sûr pour aller au but.

Supposons que quelques savants trouvassent un jour le secret d'accélérer la vieillesse et l'art d'engager les hommes à faire usage de cette rare découverte : persuasion qui ne serait peut-être pas si difficile à produire qu'elle paraît au premier aspect, car la raison, ce grand véhicule de toutes nos sottises, n'aurait garde de nous manquer à celle-ci. Les philosophes, et surtout les gens sensés, pour secouer le joug des passions et goûter le précieux repos de l'âme, gagneraient à grands pas l'âge de Nestor, et renonceraient volontiers aux désirs qu'on peut satisfaire, afin de se garantir de ceux qu'il faut étouffer : il n'y aurait que quelques étourdis qui, rougissant même de leur faiblesse, voudraient follement rester jeunes et heureux, au lieu de vieillir pour être sages.

Supposons qu'un esprit singulier, bizarre, et pour tout dire, un homme à paradoxes, s'avisât alors de reprocher aux autres l'absurdité de leurs maximes, de leur prouver qu'ils courent à la mort en cherchant la tranquillité, qu'ils ne font que radoter à force d'être raisonnables, et que, s'il faut qu'ils soient vieux un jour, ils devaient tâcher au moins de l'être le plus tard qu'il serait possible.

Il ne faut pas demander si nos sophistes, craignant le décri de leur arcane, se hâteraient d'interrompre ce discours importun : « Sages vieillards, diraient-ils à leurs spectateurs, remerciez le Ciel des grâces qu'il vous accorde, et félicitez-vous sans cesse d'avoir si bien suivi ses volontés. Vous êtes décrépits, il est vrai, languissants, cacochymes, tel est le sort inévitable de l'homme, mais votre entendement est sain : vous êtes perclus de tous les membres, mais votre tête en est plus libre ; vous ne sauriez agir, mais vous parlez comme des oracles ; et si vos douleurs augmentent de jour en jour, votre philosophie augmente avec elles. Plaignez cette jeunesse impétueuse, que sa brutale santé prive des biens attachés à votre faiblesse. Heureuses infirmités, qui rassemblent autour de vous tant d'habiles pharmaciens fournis de plus de drogues que vous n'avez de maux, tant de savants médecins qui connaissent à fond votre pouls, qui savent en grec les noms de tous vos rhumatismes ; tant de zélés consolateurs et d'héritiers fidèles qui vous conduisent agréablement à votre dernière heure ! Que de secours perdus pour vous si vous n'aviez su vous donner les maux qui les ont rendus nécessaires ! »

Ne pouvons-nous pas imaginer qu'apostrophant ensuite notre imprudent avertisseur, ils lui parleraient à peu près ainsi :

« Cessez, déclamateur téméraire, de tenir ces discours impies. Osez-vous blâmer ainsi la volonté de celui qui a fait le genre humain ? L'état de vieillesse ne découle-t-il pas de la constitution de l'homme ; n'est-il pas naturel à l'homme de vieillir ? Que faites-vous donc dans vos discours séditieux que d'attaquer une loi de la nature, et par conséquent la volonté de son créateur ? Puisque l'homme vieillit. Dieu veut qu'il vieillisse. Les faits sont-ils autre chose que l'expression de sa volonté ? Apprenez que l'homme jeune n'est point celui que Dieu a voulu faire, et que, pour s'empresser d'obéir à ses ordres, il faut se hâter de vieillir. »

Tout cela supposé, je vous demande, monsieur, si l'homme aux paradoxes doit se taire ou répondre, et dans ce dernier cas, de vouloir bien m'indiquer ce qu'il doit dire : je tâcherai de résoudre alors votre objection.

Puisque vous prétendez m'attaquer par mon propre système, n'oubliez pas, je vous prie, que, selon moi, la société est naturelle à l'espèce humaine comme la décrépitude à l'individu, et qu'il faut des arts, des lois, des gouvernements aux peuples, comme il faut des béquilles aux vieillards. Toute la différence est que l'état de vieillesse découle de la seule nature de l'homme, et que celui de société découle de la nature du genre humain, non pas immédiatement comme vous le dites, mais seulement, comme je l'ai prouvé, à l'aide de certaines circonstances extérieures qui pouvaient être ou n'être pas, ou du moins arriver plus tôt ou plus tard, et par conséquent accélérer ou ralentir le progrès. Plusieurs même de ces circonstances dépendent de la volonté des hommes : j'ai été obligé, pour établir une parité parfaite, de supposer dans l'individu le pouvoir d'accélérer sa vieillesse, comme l'espèce a celui de retarder la sienne. L'état de société ayant donc un terme extrême auquel les hommes sont les maîtres d'arriver plus tôt ou plus tard, il n'est pas inutile de leur montrer le danger d'aller si vite, et les misères d'une condition qu'ils prennent pour la perfection de l'espèce.

À l'énumération des maux dont les hommes sont accablés, et que je soutiens être leur propre ouvrage, vous m'assurez, Leibnitz et vous, que tout est bien, et qu'ainsi la Providence est justifiée. J'étais éloigné de croire qu'elle eût besoin pour sa justification du secours de la philosophie leibnitzienne ni d'aucune autre. Pensez-vous sérieusement vous-même qu'un système de philosophie, quel qu'il soit, puisse être plus irrépréhensible que l'univers, et que, pour disculper la Providence, les arguments d'un philosophe soient plus convaincants que les ouvrages de Dieu ? Au reste, nier que le mal existe est un moyen fort commode d'excuser l'auteur du mal. Les stoïciens se sont autrefois rendus ridicules à meilleur marché.

Selon Leibnitz et Pope, tout ce qui est est bien. S'il y a des sociétés, c'est que le bien général veut qu'il y en ait ; s'il n'y en a point, le bien général veut qu'il n'y en ait pas ; et si quelqu'un persuadait aux hommes de retourner vivre dans les forêts, il serait bon qu'ils y retournassent vivre. On ne doit pas appliquer à la nature des choses une idée de bien ou de mal qu'on ne tire que de leurs rapports ; car elles peuvent être bonnes relativement au tout, quoique mauvaises en elles-mêmes. Ce qui concourt au bien général peut être un mal particulier, dont il est permis de se délivrer quand il est possible. Car si ce mal, tandis qu'on le supporte, est utile au tout, le bien contraire, qu'on s'efforce de lui substituer, ne lui sera pas moins utile sitôt qu'il aura lieu. Par la même raison que tout est bien comme il est, si quelqu'un s'efforce de changer l'état des choses, il est bon qu'il s'efforce de le changer ; et s'il est bien ou mal qu'il réussisse, c'est ce qu'on peut apprendre de l'évènement seul, et non de la raison. Rien n'empêche en cela que le mal particulier ne soit, un mal réel pour celui qui le souffre. Il était bon pour le tout que nous fussions civilisés, puisque nous le sommes ; mais il eût certainement été mieux pour nous de ne pas l'être. Leibnitz, n'eût jamais rien tiré de son système qui pût combattre cette proposition, et il est clair que l'optimisme bien entendu ne fait rien ni pour ni contre moi.

Aussi n'est-ce ni à Leibnitz ni à Pope que j'ai à répondre, mais à vous seul, qui, sans distinguer le mal universel qu'ils nient du mal particulier qu'ils ne nient pas, prétendez que c'est assez qu'une chose existe pour qu'il ne soit pas permis de désirer qu'elle existât autrement. Mais, monsieur, si tout est bien comme il est, tout était bien comme il était avant qu'il y eût des gouvernements et des lois : il fut donc au moins superflu de les établir ; et Jean-Jacques alors, avec votre système, eût eu beau jeu contre Philopolis. Si tout est bien comme il est, de la manière que vous l'entendez, à quoi bon corriger nos vices, guérir nos maux, redresser nos erreurs ? Que servent nos chaires, nos tribunaux, nos académies ? Pourquoi faire appeler un médecin quand vous avez la fièvre ? Que savez-vous si le bien du plus grand tout que vous ne connaissez pas, n'exige point que vous ayez le transport, et si la santé des habitants de Saturne ou de Sirius ne souffrirait point du rétablissement de la vôtre ? Laissez aller tout comme il pourra, afin que tout aille toujours bien. Si tout est le mieux qu'il peut être, vous devez blâmer toute action quelconque, car toute action produit nécessairement quelque changement dans l'état où sont les choses au moment qu'elle se fait ; on ne peut donc toucher à rien sans mal faire ; et le quiétisme le plus parfait est la seule vertu qui reste à l'homme. Enfin, si tout est bien comme il est, il est bon qu'il y ait des Lapons, des Esquimaux, des Algonquins, des Chleacas, des Caraïbes, qui se passent de notre police, des Hottentots qui s'en moquent, et un Genevois qui les approuve, Leibnitz lui-même conviendrait de ceci.

L'homme, dites-vous, est tel que l'exigeait la place qu'il devait occuper dans l'univers. Mais les hommes diffèrent tellement selon les temps et les lieux, qu'avec une pareille logique on serait sujet à tirer du particulier à l'universel des conséquences fort contradictoires et fort peu concluantes. Il ne faut qu'une erreur de géographie pour bouleverser toute cette prétendue doctrine qui déduit ce qui doit être de ce qu'on voit. C'est affaire aux castors, dira l'Indien, de s'enfouir dans des tanières ; l'homme doit dormir à l'air, dans un hamac suspendu à des arbres. Non, non, dira le Tartare, l'homme est fait pour coucher dans un chariot. Pauvres gens ! s'écrieront nos Philopolis d'un air de pitié, ne voyez-vous pas que l'homme est fait pour bâtir des villes ? Quand il est question de raisonner sur la nature humaine, le vrai philosophe n'est ni Indien, ni Tartare, ni de Genève, ni de Paris ; mais il est homme.

Que le singe soit une bête, je le crois, et j'en ai dit la raison : que l'orang-outang en soit une aussi, voilà ce que vous avez la bonté de m'apprendre ; et j'avoue qu'après les faits que j'ai cités, la preuve de celui-là me semblait difficile. Vous philosophez trop bien pour prononcer là-dessus aussi légèrement que nos voyageurs, qui s'exposent quelquefois, sans beaucoup de façons, à mettre leurs semblables au rang des bêtes. Vous obligerez donc sûrement le public, et vous instruirez même les naturalistes, en nous apprenant les moyens que vous avez employés pour décider cette question.

Dans mon épître dédicatoire, j'ai félicité ma patrie d'avoir un des meilleurs gouvernements qui pussent exister ; j'ai prouvé dans le discours qu'il devait y avoir très peu de bons gouvernements : je ne vois pas où est la contradiction que vous remarquez en cela. Mais comment savez-vous, monsieur, que j'irais vivre dans les bois si ma santé me le permettait, plutôt que parmi mes concitoyens, pour lesquels vous connaissez ma tendresse ? Loin de rien dire de semblable dans mon ouvrage, vous y avez dû voir des raisons très fortes de ne point choisir ce genre de vie. Je sens trop en mon particulier combien peu je puis me passer de vivre avec des hommes aussi corrompus que moi ; et le sage même, s'il en est, n'ira pas aujourd'hui chercher le bonheur au fond d'un désert. Il faut fixer, quand on le peut, son séjour dans sa patrie pour l'aimer et la servir. Heureux celui qui, privé de cet avantage, peut au moins vivre ? au sein de l'amitié, dans la patrie commune du genre humain, dans cet asile immense ouvert à tous les hommes, où se plaisent également l'austère sagesse et la jeunesse folâtre ; où règnent l'humanité, l'hospitalité, la douceur, et tous les charmes d'une société facile ; où le pauvre trouve encore des amis, la vertu des exemples qui l'animent, et la raison des guides qui l'éclairent ! C'est sur ce grand théâtre de la fortune, du vice et quelquefois des vertus, qu'on peut observer avec fruit le spectacle de la vie : mais c'est dans son pays que chacun devrait en paix achever la sienne.

Il me semble, monsieur que vous me censurez bien gravement sur une réflexion qui me paraît très juste, et qui, juste ou non, n'a point dans mon écrit le sens qu'il vous plaît de lui donner par l'addition d'une seule lettre. *Si la nature vous a destinés à être saints*, me faites-vous dire, *j'ose presque assurer que de réflexion est un état contre nature, et que l'homme qui médite est un animal dépravé*. Je vous avoue que si j'avais ainsi confondu la santé avec la sainteté, et que la proposition fût vraie, je me croirais très propre à devenir un grand saint moi-même dans l'autre monde, ou du moins à me porter toujours bien dans celui-ci.

Je finis, monsieur, en répondant à vos trois dernières questions. Je n'abuserai pas du temps que vous me donnez, pour y réfléchir ; c'est un soin que j'avais pris d'avance.

Un homme, ou tout autre être sensible, qui n'aurait jamais connu la douleur, aurait-il la pitié et serait-il ému à la vue d'un enfant qu'on égorgerait ? Je réponds que non.

Pourquoi la populace, à qui M. Rousseau accorde une si grande dose de pitié, se repaît-elle avec tant d'avidité du spectacle d'un malheureux expirant sur la roue ? Par la même raison que vous allez pleurer au théâtre, et voir Séide égorger son père, ou Thyeste boire le sang de son fils. La pitié est un sentiment si délicieux, qu'il n'est pas étonnant qu'on cherche à l'éprouver. D'ailleurs chacun a une curiosité secrète d'étudier les mouvements de la nature aux approches de ce moment redoutable que nul ne peut éviter. Ajoutez à cela le plaisir d'être pendant deux mois l'orateur du quartier, et de raconter pathétiquement aux voisins la belle mort du dernier roué.

L'affection que les femelles des animaux témoignent pour leurs petits a-t-elle ces petits pour objet, ou la mère ? D'abord la mère pour son besoin, puis les petits par habitude. Je l'avais dit dans le discours. *Si par hasard c'était celle-ci, le bien-être des petits n'en serait que plus assuré.* Je le croirais ainsi. Cependant cette maxime demande moins à être étendue que resserrée ; car, dès que les poussins sont éclos, on ne voit pas que la poule ait aucun besoin d'eux, et sa tendresse maternelle ne le cède pourtant à nulle autre.

Voilà, monsieur, mes réponses. Remarquez au reste que, dans cette affaire comme dans celle du premier discours, je suis toujours le monstre qui soutient que l'homme est naturellement bon, et que mes adversaires sont toujours les honnêtes gens qui, à l'édification publique, s'efforcent de prouver que la nature n'a fait que des scélérats.

Je suis, autant qu'on peut l'être de quelqu'un qu'on ne connaît point, monsieur, etc.